W0256277

Sicherheitskonzepte in der mobilen Kommunikation

Sicherheitskonzepte in der mobilen Kommunikation

Wolfgang W. Osterhage

Sicherheitskonzepte in der mobilen Kommunikation

Drahtlose Kommunikation – Protokolle und Gefahren

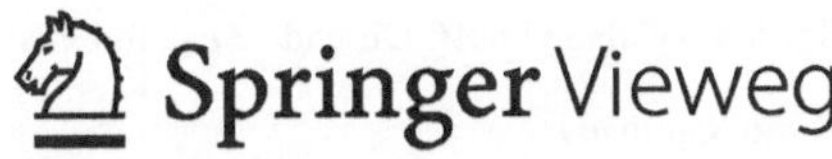

Wolfgang W. Osterhage
Wachtberg-Niederbachem
Deutschland

ISBN 978-3-662-57902-2   ISBN 978-3-662-57903-9 (eBook)
https://doi.org/10.1007/978-3-662-57903-9

Die Deutsche Nationalbibliothek verzeichnet diese Publikation in der Deutschen Nationalbibliografie; detaillierte bibliografische Daten sind im Internet über http://dnb.d-nb.de abrufbar.

Springer Vieweg
© Springer-Verlag GmbH Deutschland, ein Teil von Springer Nature 2018

Springer Vieweg ist ein Imprint der eingetragenen Gesellschaft Springer-Verlag GmbH, DE und ist ein Teil von Springer Nature.
Die Anschrift der Gesellschaft ist: Heidelberger Platz 3, 14197 Berlin, Germany

Vorwort

Die Verlinkung von Computern und deren Komponenten hat mit den Möglichkeiten der drahtlosen Kommunikation eine neue Qualität erreicht – sowohl für private Nutzer als auch für Organisationen. Diese Entwicklung führt zu neuen Herausforderungen für die IT-Sicherheit. Darum geht es in diesem Buch. Die gesamte Bandbreite der drahtlosen Kommunikation wird abgedeckt (WLAN, Bluetooth, Mobiltelefonie u. a.) mit detaillierten Beschreibungen der Technologie, der Standards, Verschlüsselung und Konfiguration. Aber das ist nicht alles.

Um einen Komplettcheck seiner drahtlosen Anwendungen zu gewährleisten, benötigt der IT-Sicherheitsverantwortliche den Überblick über eine Vielzahl kritischer Bereiche. Er muss sicher stellen, dass ein Eindringling keinen Zugriff auf interne Daten oder Systemfunktionalitäten erhält. Um diese Aufgabe zu unterstützen, werden ihm umfassende Checklisten an die Hand gegeben. Hierdurch werden alle wesentlichen Aspekte drahtloser Sicherheit abgedeckt.

Mein Dank gilt Herrn Martin Börger und Frau Sophia Leonhard und dem Team von Springer Vieweg, die mich beim Verfassen des Buches professionell begleitet haben.

Wachtberg, den 25. Juli 2018

Inhaltsverzeichnis

Einführung 1

Das vorliegende Buch gibt in komprimierter Form, aber dennoch umfassend, den aktuellen Stand der drahtlosen Kommunikationstechnologie wieder. Besondere Aufmerksamkeit erfahren dabei die Sicherheitsaspekte. Berücksichtigung finden folgende Themenkomplexe:

- WLAN
- Mobiltelefonie
- Bluetooth
- Infrarot und
- NFC

Keine Berücksichtigung haben gefunden:

- VoIP im Detail
- Skype.

Die einzelnen Kommunikationsprotokolle werden in jeweils einzelnen Kapiteln abgehandelt. Zum Verständnis ist es nicht unbedingt erforderlich, das ganze Buch zu lesen, wenn man sich beispielsweise für Sicherheitsprobleme beim Mobilfunk interessiert. Die Kapitel sprechen in der Regel für sich.

Nach den jeweiligen technologischen Grundlagen werden die möglichen Bedrohungsszenarien vorgestellt, gefolgt von den organisatorischen und technischen Gegenmaßnahmen. Sowohl Bedrohungsszenarien als auch Gegenmaßnahmen können sich für unterschiedliche Themenkomplexe bzw. Technologien gelegentlich überlappen. Da das Buch nach Technologien und nicht nach Sicherheitsaspekten gegliedert ist, sind mitunter Redundanzen sichtbar. Das ist so gewollt, da die einzelnen Kapitel ja für sich genommen sprechen sollen.

© Springer-Verlag GmbH Deutschland, ein Teil von Springer Nature 2018
W. W. Osterhage, *Sicherheitskonzepte in der mobilen Kommunikation*,
https://doi.org/10.1007/978-3-662-57903-9_1

Ähnliches gilt für die umfangreichen Checklisten, die mitgeliefert werden. Vom Grundaufbau her beginnen sie immer mit strategischen Ansätzen, um dann mehr und mehr auf technische Details einzugehen. Die Checklisten sind als zweispaltige Tabellen ausgeführt. In der linken Spalte erscheinen Fragen, die rechts erläutert werden (warum ist etwas beachtenswert?). Bei sicherheitsrelevanten Fragen, hinter denen ernsthafte Bedrohungen liegen können, erfolgt in der Zeile darunter in kursiv ein erweiterter Hinweis, der auch als Warnung verstanden werden kann. Jeder Technologie ist am Schluss des Kapitels eine solche Checkliste zugeordnet.

Für viele Sicherheitsprobleme werden auch organisatorische Maßnahmen angeboten. Deshalb ist an einigen Stellen auch von Richtlinien die Rede. In einem gesonderten Kapitel wird eine umfassende Richtlinie, die in unternehmensstrategische Gesamtdokumentation eingebettet werden kann, strukturell vorgestellt. Die einleitenden Abschnitte können mehr oder weniger wie präsentiert übernommen werden, für die technologiespezifischen Teile wird ein Raster vorgegeben, dass sich aus dem inhaltlichen Material der Vor-Kapitel füttern lässt.

Obwohl viele Beispiele und Szenarien aus dem Alltag von Organisationen und Unternehmen stammen, auch etliche organisatorische Lösungsansätze, sind die beschriebenen Sicherheitsprobleme ebenso relevant für die Nutzung von drahtloser Kommunikation im privaten Bereich. Die meisten Fragen in den Checklisten treffen auf die einzelne Station zuhause wie auf große Rechnerverbünde in Firmen zu. Das gilt gleichermaßen auch für die technischen Gegenmaßnahmen.

Ansonsten ist der Versuch unternommen worden, den neuesten Stand der Technologie, soweit sie in den breiten Markt gedrungen ist, zu berücksichtigen. Angesichts der Kurzlebigkeit von Technologien kann das wiederum auch nur eine Momentaufnahme sein, die hoffentlich dennoch einen gewissen Bestand haben wird.

Vorteile drahtloser Kommunikation

2.1 Kabel oder drahtlos?

Verkabelung bindet Systeme und User an feste Orte, während drahtlose Anwendungen den Anwender von Leitungssystemen befreit. Er wird auch im Hinblick auf seine IT-Systeme mobil. Optisch scheint sich sein Arbeitsplatz von sterilen Büroräumen hin zur Gartenlaube zu wandeln (wenn man entsprechenden Werbespots Glauben schenken will). Und überall auf der Welt kann man sich – ganz so wie mit dem Mobiltelefon – an jedem beliebigen Ort ins Firmennetz einklinken, vorausgesetzt, es sind genügend Hot Spots in der Nähe. So ganz ist diese Vision zwar noch nicht realisiert, aber in Teilen ist sie doch schon Wirklichkeit – mit all den Sicherheitsproblemen, die sie mit sich bringt.

Andererseits lässt sich die Frage „Kabel oder drahtlos?" in der Praxis meistens nicht mit ja oder nein beantworten. Komplexe Anwendungen verlange heute beides in Kombination. Feste installierte Netze mit zentralen Anwendungen verfügen über Gateways über die von außen drahtlos zugegriffen werden kann.

2.1.1 Mobilität

Neben den Veränderungen in den Arbeitsprozessen, die durch den Einsatz von Mobiltelefonen oder Tablets eingetreten sind, ergeben sich durch die Möglichkeiten einer mobilen Vernetzung weitere Entwicklungsschübe. So gibt es eine Vielzahl von Arbeitsfeldern, die sich für mobile Anwendungen anbieten, bzw. die ohne eine solche heute fast nicht mehr denkbar sind: Großbaustellen, Logistikunternehmen, große Lagerhäuser, Supermärkte, aber auch im Klinikbereich, wo dezentrale medizinische Daten lebensrettend sein können. Ein weiterer Vorteil mobiler Datenkommunikation liegt in der Abwicklung unterbrechungsfreier Prozesse. Man braucht nicht an seinen Stammarbeitsplatz zurück zu kehren, um Informationen zu suchen, sondern kann sie dort abfragen, wo sie gerade gebraucht werden.

© Springer-Verlag GmbH Deutschland, ein Teil von Springer Nature 2018
W. W. Osterhage, *Sicherheitskonzepte in der mobilen Kommunikation*,
https://doi.org/10.1007/978-3-662-57903-9_2

Unabhängig von Performance-Gesichtspunkten (die aber gelöst werden können) unterscheiden sich in der Praxis für den Enduser LAN- und WLAN-Lösungen nicht. Neben Kriterien wie Mobilität gibt es aber noch weitere Gesichtspunkte, bei denen WLAN-Lösungen vorzuziehen sind: Kostenersparnis bei aufwendigen Verkabelungen – insbesondere bei älteren Gebäuden, bei denen bauliche Strukturen den Aufbau eines Backbone unmöglich machen können. Und natürlich als temporäre Lösungen auf Veranstaltungen, Messen oder zeitlich begrenzter Gruppenarbeit im Projekt in Unternehmen. Funknetze sind flexibel und zeitnah zu realisieren.

Einen ganz besonderen Aufschwung der WLAN-Anwendungen hat es in letzter Zeit insbesondere auch im privaten, häuslichen Bereich gegeben. Da hier häufig eine professionelle Unterstützung fehlt, ist bei diesen Anwendungen mit erhöhten Sicherheitsrisiken zu rechnen.

2.2 Grundsätzliche Sicherheitsaspekte

Eine drahtlose Vernetzung setzt sich anderen Gefährdungen aus als Festnetzanwendungen. Das liegt an der verwendeten Form der Datenübertragung per Funk. In den Anfangsphasen des WLAN konnten Angreifer z. B. vom Auto auf einem Parkplatz mit einem Notebook und unter Umständen auf Basis einer Chips-Dose mit Antenne die Funkkommunikation im Hause abhören. Solche Aktivitäten nennt man Wardriving. Durch die WLAN-Fähigkeiten von Smartphones lassen sich bei einem Spaziergang z. B. durch ein Wohnviertel jede Menge WLAN-Zugänge aufspüren, die sich durch Aussenden der Beacon Frames bemerkbar machen.

2.2.1 Öffentliche und private Netze

Es gibt natürlich eine Vielzahl von Netzen, die der Öffentlichkeit frei zugänglich sind: Internet, Bibliotheken, städtische Informationssysteme und so weiter. Diese Netzte enthalten keine vertraulichen Informationen, die komplizierte Zugangsverifikationen benötigen. Geht es aber um Netzte im privaten Bereich und um Teile der Informationssysteme von Firmen oder Behörden, kommen zu den aus der klassischen LAN-Welt bekannten Sicherheitsproblemen völlig neue Gefährdungen hinzu. Diese Gefährdungen liegen in der Natur des Übertragungsmediums begründet. Radiowellen sind abhörbar und können von außen massiv gestört werden.

Öffentliche Netze sind für jedermann frei verfügbar, sobald Zugangsbedingungen und Kosten geklärt sind. Auf jeden Fall sind die Informationen nicht durch Vertraulichkeitsregelungen geschützt. Deshalb spielen die üblichen Sicherheitsverfahren wie Verschlüsselung auch beim Zugriff über Hot Spots keine Rolle. Aus Gründen der Einfachheit wird dann in der Regel für die SSID der Jokername „Any" verwendet.

2.3 Übergeordnete Sicherheitsaspekte

2.3.1 Netzverfügbarkeit

Störungen bei Funknetzen sind ein grundsätzliches Problem. Hierbei geht es nicht um
zufällige Störungen durch Geräte, die denselben Frequenzbereich nutzen.. Es gibt Störungen, die bewusst von Angreifern hervorgerufen werden, um den Funkverkehr zu sabotieren.

Zur Disposition steht dabei eines der wesentlichen Ziele beim Betrieb von IT-Anlagen:
die Verfügbarkeit. Zunächst wird diese sichergestellt durch die konkrete Netztopologie
selbst, d. h. die geografische Fixierung der Netzelemente. Von Bedeutung ist auch eine
optimale Konfiguration unter Berücksichtigung des Betriebsmodus, der Frequenzbereiche
und der Übertragungsgeschwindigkeit. Wegen der Störanfälligkeit ist eine kontinuierliche
Beobachtung des Netzbetriebs erforderlich. Bei Störungen sollte die Ursache möglichst
zeitnah gefunden werden.

2.3.2 Problem der Datenintegrität

In Funknetzen wie auch in drahtgebundener Umgebung muss sichergestellt werden,
dass alle Daten ihren Adressaten vollständig und unverändert erreichen. Falls die Daten
unterwegs manipuliert worden sind, muss der Empfänger diesen Umstand wahrnehmen
können, um auf eine solche Manipulation reagieren zu können. Vom Ergebnis her ist es
unerheblich, ob eine solche Störung durch bewusste Manipulation oder durch technisch
bedingte Übertragungsfehler hervorgerufen wird.

2.3.3 Wechselseitige Authentizität

Eine wesentliche Rolle bei der drahtlosen Kommunikation spielt die Authentizität. Jede
Station muss sich der Authentizität, d. h. auch der Berechtigung, des gegenüberliegenden
Kommunikationspartners sicher sein. Das gilt für Sender und Empfänger und genauso
umgekehrt. Es muss sichergestellt sein, dass niemand unbefugt ins Netz eindringen kann,
dadurch dass er sich als gültiges Mitglied der Netzteilnehmer verstellt. Selbstverständlich
gilt diese Anforderung besonders dann, wenn sensible Daten ausgetauscht werden, die für
den Geschäftsverkehr und die Unternehmenssicherheit von Bedeutung sind.

2.3.4 Anforderungen an die Vertraulichkeit

Gegenüber der Kommunikation in offenen Netzen, die gerade auf die allgemeine Teil-
habe an allen zugänglichen Informationen ausgelegt sind, spielt die Vertraulichkeit des

Informationsaustausches in privaten drahtlosen Netzen aus Sicht des Datenschutzes eine ganz andere Rolle. Hier müssen entsprechende Geheimhaltungsstufen tatsächlich zum Tragen kommen. Da Funksignale prinzipiell mitgehört werden können, geht dieser Weg nur über eine Verschlüsselung. Eine Verschlüsselung erfüllt dabei zwei Aufgaben:

- Sie sollte die übermittelten Informationen und
- die zugehörigen Verbindungsdaten schützen.

2.4   Risiken

Aus der Tatsache, dass bei der Funkübertragung gewissermaßen der freie Raum als Übertragungsmedium genutzt wird, ist das Abhören einfacher als bei drahtgebundenen Anwendungen. Entsprechend drastisch ändern sich die Anforderungen durch die spezifische Sicherheitslage gegenüber verkabelten LANs. LANs sind zudem geografisch fixiert. Deren Anwender sind bekannt. Bei WLANs gibt es weder Gebäudegrenzen noch ist sichtbar, welche Personen gerade zugreifen.

2.4.1   Angreifer und ihre Motive

Hier die wichtigsten Angriffsmotive und -formen:

- technische Herausforderung: spielerische Hacker, die ausprobieren wollen, ob sie irgendwo Zugang gewinnen können, ohne bewusst Schaden anrichten zu wollen; dazu gehört auch die Intention, andere ohne deren Wissen zu belauschen und in deren Privatsphäre einzudringen. Die Tools dazu sind meist aus dem Internet bezogen.
- kriminelle Zielsetzungen: die Absicht ist, anderen Personen oder Unternehmen Schaden zuzufügen, oder sich zu bereichern.
- unbefugte Mitbenutzung des Internetzugangs; hierbei besteht die Möglichkeit, den Account für Downloads von vertraulichen Daten oder für kriminelle Kontakte zu missbrauchen.
- sich direkte materielle Vorteile verschaffen: alle Arten des unbefugten Zugriffs sind möglich; ohne dass der Betroffene zunächst oder auch über einen längeren Zeitraum etwas davon merkt.
- einschleusen von Daten oder Software: unbefugte Stationen in ein Netz einschmuggeln, um dort gezielt Daten abzusetzen, indem dem System eine autorisierte Identität vorgetäuscht wird; Beispiele: Implantierung von Spyware, um Kreditkartendaten auszuspionieren, Attacken mit trojanischen Pferden, die wichtige Datenbestände eines Unternehmens stehlen, Viren, die Daten zerstören können.

WLAN

3

3.1 Funknetze: Grundlagen

WLAN ist die Abkürzung für Wireless Local Area Network. Diese Bezeichnung weist schon darauf hin, dass LAN-Funktionalitäten drahtlos bereitgestellt werden. Drahtlos geht allerdings über den reinen klassischen Funkverkehr hinaus und kann auch zum Beispiel den Infrarotbereich mit einbeziehen.

Häufig findet man in realisierten Konfigurationen die Kopplung von WLAN und LAN, wobei WLAN-Komponenten oft Frontends von größeren Anwendungen sind. Die WLAN-Teile stehen solchen Anwendern zur Verfügung, deren Aufgabenstruktur im Unternehmen eine hohe Mobilität voraussetzt. Der Phantasie bei Netzkopplungen sind keine Grenzen gesetzt bis hin zur Verbindung mehrerer LANs zu MANs (Metropolitan Area Networks).

3.1.1 Das Frequenzspektrum

Die physikalischen Unterscheidungsmerkmale bei der Klassifikation der elektromagnetischen Wellen für eine WLAN-Kommunikation sind Frequenz und Wellenlänge. Aus den insgesamt verfügbaren Frequenzen lassen sich bestimmte Frequenzbereiche bzw. Frequenzbänder differenzieren. Die Medien Radio und Fernsehen arbeiten im Bereich der Lang- bis Ultrakurzwellen, der zwischen 30 kHz und 300 MHz liegt. Funknetze, die hier betrachtet werden, bewegen sich zwischen 300 MHz und 5 GHz.

Das erste für diese Zwecke durch die Federal Communications Commission (FCC) zur Lizenz freien Nutzung freigegebene Frequenzband war das sogenannte ISM-Band. Das war im Jahre 1985. ISM steht für: Industrial, Scientific, Medical. Aus diesem Band bedienen sich die WLANs – und zwar zwischen 2,4 und 5 GHz. Das war der Startschuss für die Entwicklung entsprechender Komponenten durch die Privatindustrie.

© Springer-Verlag GmbH Deutschland, ein Teil von Springer Nature 2018
W. W. Osterhage, *Sicherheitskonzepte in der mobilen Kommunikation*,
https://doi.org/10.1007/978-3-662-57903-9_3

3.1.2 Die Standards: Grundsätzliches

Die IEEE mit ihrer weltweiten Mitgliedschaft von Ingenieuren und Wissenschaftlern interessierte sich ab Ende der achtziger Jahre dafür, die fehlenden Standards aus der Welt zu schaffen. Und so wurde unter der nunmehr berühmten Nummer 802.11 im Jahre 1997 ein erster WLAN-Standard veröffentlicht. Dieser wurde im Laufe der Jahre immer wieder ergänzt, und die Ergänzungen über angehängte Kleinbuchstaben differenziert.

1999 kamen bei der IEEE zwei neue Standards heraus: der 802.11a und der 802.11b. Der letztere entwickelte sich zum heute am meisten verbreiteten Standard. Dabei wird das gesamte Spektrum von privaten, industriellen und öffentlichen Anwendungen inklusive Hot Spots abgedeckt. Die nominelle Übertragungsrate unter 802.11b geht von 11 Mbit/s aus. Davon wird allerdings ein signifikanter Anteil für Protokoll-Overheads benötigt. Der Standard bewegt sich im 2,4 GHz-Frequenzbereich unter Nutzung des HR/DSSS-Verfahrens.

Als weiterer wichtiger Standard wurde im Jahre 2003 der 802.11g freigegeben. Dieser lässt bereits Übertragungsraten von bis zu 54 Mbit/s zu. In einem anderen Frequenzbereich – nämlich 5 GHz – arbeitet der 802.11a. Um die Übersicht zu vervollständigen: 2004 kam 802.11i heraus mit zusätzlichen Sicherheitsfeatures. Es folgten sukzessive die Varianten 802.11j, 802.11p, 802.11k, 802.11r, 802.11y, 802.11w, 802.11z, 802.11v, 802.11u, 802.11s. Diese Varianten erfuhren zwischendurch Zusammenfassungen unter 802.11-2007, 802.11n, 802.11-2012, 802.11ac, 802.11ad, 802.11ah. Die Details werden weiter unten abgehandelt.

3.2 Die Symbiose: Computer- und Funktechnologien

Alles, was unter 802.11 deklariert ist, gehört seinerseits wiederum als Untergruppe zu den LAN/MAN-Standards unter 802 allgemein. Ursprünglich war an Übertragungsraten von 1 bis 2 Mbit/s für Komponenten in drahtlosen Netzen gedacht. Dazu wurden funktechnisch zwei unterschiedliche Frequenzspreizverfahren in Betracht gezogen: das Frequency Hopping Spread Spectrum (FHSS) und das Direct Sequence Spread Spectrum (DSSS).

Spätere Versionen von 802.11 visierten für Funkverbindungen Übertragungsraten von 11 bzw. 54 Mbit/s an. Dazu werden andere Technologien der Frequenzmodulation eingesetzt: High Rate Sequence Spread Spectrum (HR/DSSS) und Orthogonal Frequency Division Multiplexing (OFDM).

3.2.1 Vorteile von ISM

Standards haben den Vorteil, dass Komponenten unterschiedlicher Hersteller miteinander kommunizieren können. Das gilt natürlich auch für den 802.11. Voraussetzung ist allerdings wie überall, dass diese eben Standard konform sind. Der Vorteil der Nutzung des

ISM-Bandes besteht im Wesentlichen darin, dass dieses Band fast überall auf der Welt lizenzfrei genutzt werden kann, ohne dass sich kommerzielle Provider dazwischenschalten. Der Vorteil für private Nutzer ergibt sich von selbst, aber auch öffentliche Netze profitieren vom Wegfall jeglicher Lizenzgebühren. Ohne die sonstigen bürokratischen Overheads lassen sich auf diese Weise temporäre Netze z. B. für Messen oder Events zeitnah aufbauen.

Aber – im ISM tummeln sich nicht nur WLAN-Komponenten, sondern alle möglichen anderen nützlichen Geräte. Dazu gehören medizinisch-technische, Mikrowellenherde, Fernsteuerungen etc. Das bedeutet, dass in der Nähe solcher Geräte die WLAN-Kommunikation anfällig für Störungen innerhalb dieses Frequenzbandes ist. Dagegen müssen Vorkehrungen getroffen werden.

3.2.2   WLAN-Komponenten

Zum Aufbau eines WLAN sind bestimmte technische Komponenten erforderlich. Diese werden im Detail weiter unten beschrieben. Die Komponenten werden eingesetzt, um eine Organisation oder Teilbereiche davon mit einem Funknetz abzudecken. Andererseits können sie dazu dienen, im Einzelfall mobile Endgeräte in bestimmten Lokationen z. B. in einem Unternehmen mit einer zentralen Anwendung zu verbinden. Oder aber die Nutzung eines WLANs wird für fremde Teilnehmer kommerziell angeboten.

Grundvoraussetzung sind Netzwerkadapter, die entweder fest oder austauschbar auf den mobilen Endgeräten installiert sind. Je nach Gerät werden unterschiedliche Adapter benötigt. Damit diese funktionieren, müssen die zugehörigen Treiber zum Senden und Empfangen vorhanden sein. Bei zeitgemäßen Notebooks und Smartphones sind WLAN-Komponenten sowie Treiber Teil der integrierten Standardauslieferung.

3.2.3   Access Points

Je nach Netzarchitektur können mobile Endgeräte untereinander kommunizieren oder aber sich über stationäre Einheiten austauschen, die auch gleichzeitig Gateways zu einem LAN bilden können. Diese Komponenten heißen Access Points. Access Points können als Standalone-Komponenten ausgeliefert werden oder sind Teil eines anderen Gerätes mit umfassenderem Funktionsumfang. Dazu gehören zum Beispiel: Router, Hubs, DHCP-Server oder DSL-Modems. Dabei kann gleichzeitig auch die NAT-Funktion mit eingebaut sein. Network Address Translation ermöglicht die Kommunikation über unterschiedliche IP-Adressen innerhalb des Netzwerks, zeigt das gesamte Netzwerk aber nur mit einer gemeinsamen IP-Adresse dem Internet an. Dadurch kann der Internetzugang gemeinsam genutzt werde. Gleichzeitig erfüllt dieses Feature die Funktion einer Firewall gegen Zugriffe auf die individuellen Teilnehmer.

Neben der klassischen Hardware-Variante können Access Points aber auch über Software auf einem PC konfiguriert werden.

3.3   Senden und Empfangen

Wesentlich bestimmend für das Sende- und Empfangsverhalten im Funkbereich sind Art und Auslegung von den verwendeten Antennen. Standardantennen ermöglichen eine Reichweite von 100–300 Metern Entfernung. Räumliche und geografische Randbedingungen können diese Werte stark beeinflussen. Das gilt für Antennen, die mit den WLAN-Komponenten ausgeliefert werden. Diese Werte lassen sich durch den Einsatz externer Zusatzantennen erheblich verbessern. Richtfunkantennen erlauben eine Abdeckung über mehrere Kilometer hinaus. Eine solche Erweiterung der Reichweite nennt sich „Antennengewinn". Dabei ist zu beachten, dass die Gesamtsendeleistung für alle Komponenten in Deutschland zulässige Grenzwerte nicht übersteigen darf.

3.3.1   Typen

Man differenziert unterschiedliche Typen von Antennen. Die Klassifizierung erfolgt nach Ausbreitungsmuster und Verstärkungstechnologie. Grundsätzlich wird nach unidirektional und omnidirektional unterschieden. Zu den letzteren gehören Rundstrahlantennen. Richtantennen sind unidirektional. Sie besitzen nur einen eingeschränkten Öffnungswinkel. Das ermöglicht eine größere Reichweite bei gleich bleibender Sendeleistung.

Die in WLANs eingesetzten Access Points sind mit Rundstrahlantennen ausgestattet, sofern nicht für extreme Reichweiten dennoch Richtantennen vorgesehen werden.

3.3.2   Leistung

Der 2,4 GHz bzw. 5 GHz Frequenzbereich für eine 802.11 WLAN Konfiguration gehört zu den Ultrakurzwellen, deren Reichweite einige hundert Meter bis einige Kilometer beträgt. Bei Sichtverbindung zwischen Sender und Empfänger bestehen optimale Bedingungen für die Kommunikation.

Trotz der Lizenzfreiheit für das ISM-Band bestehen gewisse Regularien, die Länder spezifisch sind. Das betrifft insbesondere die Sendeleistung. Innerhalb der EU beträgt deren Obergrenze 20 dBm für das 2,4 GHz Frequenzband sowie 30 dBm für das 5 GHz Band bezogen auf die effektive Sendeleistung. Diese Vorschriften können natürlich den Gewinn, den man eventuell durch den Einsatz einer Richtfunkantenne erzielt, wieder zu Nichte machen, da dann technische Maßnahmen eingesetzt werden müssen, um die Leistung wieder in den konformen Bereich zu drosseln.

3.3.3   Interferenzen

Bei der Konzeption und Implementierung von WLANs sind bereits im Vorfeld mögliche Störquellen auszumachen. Funknetze unterliegen anderen Einflussmöglichkeiten von außen als klassische voll verdrahtete Netze. Je nach Rahmenbedingungen müssen entsprechende Lösungen gesucht werde, um solche Störungen auszuschalten.

Die Störungen können grundsätzlich zweierlei Ursachen haben: natürliche atmosphärische Störungen und Störungen, die durch die Technologie fremder Systeme verursacht werden. Zu solchen Systemen gehören beispielsweise auch Geräte der Unterhaltungselektronik. Diese Interferenzen schlagen natürlich auch in angekoppelte LAN-Systeme durch.

3.4 Geordnete Datenübermittlung

Die Punkt-zu-Punkt-Verbindung ist die denkbar einfachste Konfiguration zur Übertragung von Informationen. So kann man beispielsweise zwei eigenständige Stationen durch ein Kabel oder – wie in unserem Falle – per Funk zusammenbringen. Die Verbindung folgt immer einer klassischen Sequenz: Aufbau, Kontrolle bzw. Steuerung und Abbau. Sind Modems dazwischen geschaltet, ist eine vorhergehende Synchronisation untereinander erforderlich, bevor überhaupt eine Übertragung stattfinden kann. Die Übertragung selbst unterliegt Sicherheitschecks, um Datenfehler zu vermeiden.

Übertragungen selber bedienen sich dabei technischer Protokolle, die Steuerungsfunktionen übernehmen. Dazu greifen sie auf allen relevanten Kommunikationsebenen ein.

3.4.1 Einsatz von Routern

Die nächst komplexere Konfiguration gegenüber einer Punkt-zu-Punkt-Verbindung wird dann erreicht, wenn mehr als zwei Teilnehmer miteinander kommunizieren möchten. Hier taucht dann zuerst der Begriff Netzwerk auf, und damit sind plötzlich ganz andere Voraussetzungen erforderlich, um die Teilnehmer korrekt zu adressieren.

In großen Netzen stehen häufig mehrere Routen zwischen zwei beliebigen Stationen zur Auswahl. Die Selektionsaufgabe für den optimalen Pfad wird von entsprechenden Routern übernommen.

Damit es nicht zu Kollisionen innerhalb des Netzes zwischen zu empfangenden und gesendeten Nachrichten auf dem gleichen Trägermedium kommt, gibt es technische Instrumente, diese zu entdecken und zu verhindern. Dazu dient beispielsweise das Carrier Sense Multiple Access (CSMA) Verfahren.

3.4.2 Nachrichtenpakete

Man unterscheidet bei der Vermittlung von Kommunikation zwei Möglichkeiten:

- Leitungsvermittlung und
- Paketvermittlung.

Paketübermittlung

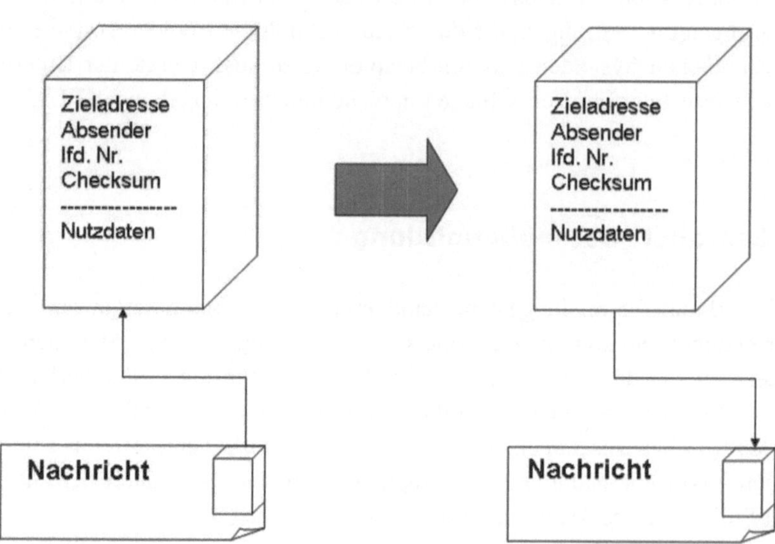

Abb. 3.1 Paketvermittlung in Netzwerken

Leitungsvermittlung spielt eine Rolle in der Telefonie, während sich Datennetze der Paketvermittlung bedienen. Dabei werden die Nachrichten in Blöcke – in Pakete – aufgeteilt wie in Abb. 3.1.

Diese Blöcke haben einen definierten strukturellen Aufbau. Im Wesentlichen sind sie unterteilt in einen Header mit Steuerungsinformationen und den eigentlichen Nachrichtenkörper, der die brauchbare Information enthält. Dem Header sind Absender und Zieladresse bekannt. Beim tatsächlichen Versand nutzt das Netz jeweils optimierte Routen für die einzelnen Datenpakete, die sich aus dem gesamten Datenverkehr ergeben, sodass Blöcke, die zur selben ursprünglichen Nachricht gehören, auf unterschiedlichen Wegen ihr Ziel finden können. Die Pakete werden erst wieder an der Zieladresse vereinigt.

Bei der Paketvermittlung spielt neben der Wegeoptimierung und der damit verbundenen effektiven Nutzung von Netzressourcen auch die Performance eine Rolle. Da die Pakete klein sind, werden Warteschlangen schneller abgebaut. Hier noch einmal die Vorteile dieser Kommunikationsnetze:

Alle Teilnehmer sind gleichberechtigt.
Fehler werden schnell erkannt.
Erneute Sendung fehlerhafter Pakete
Kein Verlust von Paketen beim Ausfall einer Station
Alternative Route zur Zieladresse.

3.5   Netzwerktopologien

Wie schon aus dem Vorhergesagten hervorgeht, gibt es unterschiedliche Netzkonfigurationen, die auch als Topologien bezeichnet werden. Zur Darstellung solcher Topologien bedient man sich bestimmter grafischer Elemente für die Darstellung von Komponenten und Verbindungen. Unterschieden werden Netzwerkknoten (Endgeräte und Steuerungsstationen) und Linien oder Verbindungspfeile für die Verbindungen. Folgende Topologien werden unterschieden:

- Ringnetze
- Maschennetze
- Sternnetze und
- Baumnetze.

Für die WLAN-Belange sind nur Maschen- und Sternnetze relevant.

Neben einem kompletten Maschennetz sind auch Lösungen denkbar, die als partielles Maschennetz bezeichnet werden (Abb. 3.2). Hierbei werden nicht alle Stationen untereinander verbunden (m:m), sondern nur die Nachbarstationen (n:m). Im Extremfall landen wir dann wieder bei der Punkt-zu-Punkt-Verbindung von nur zwei Stationen.

Neben rein strukturellen Erwägungen spielen auch andere Kriterien bei der Auswahl einer Netztopologie eine Rolle. Die Vor- und Nachteile werden insbesondere bei der

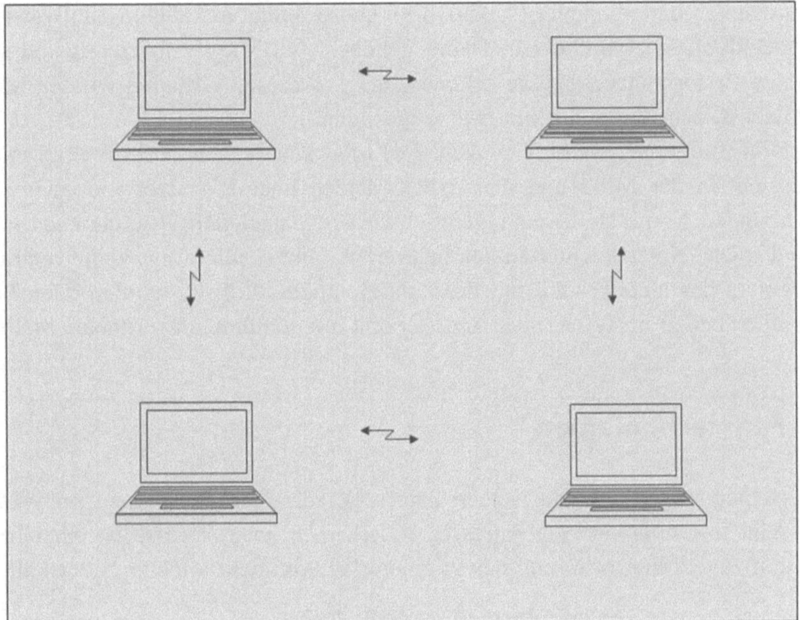

Abb. 3.2 Partielles Maschennetz

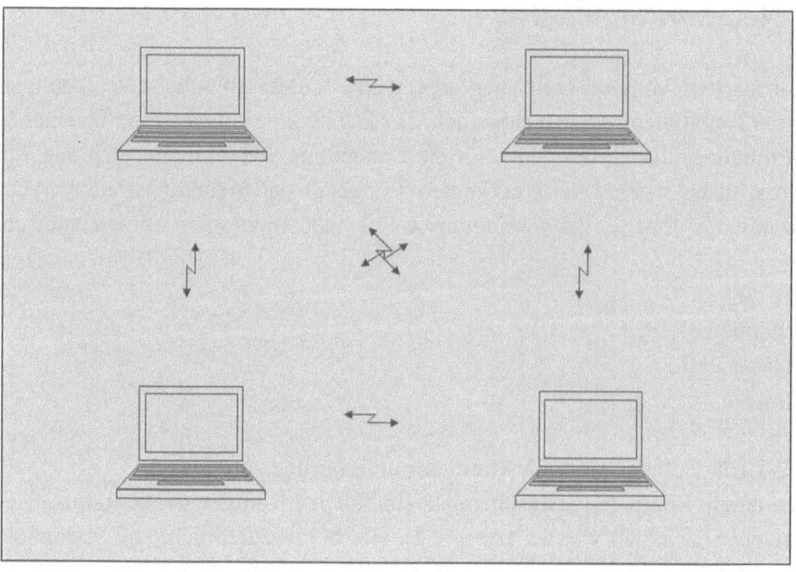

Abb. 3.3 Maschennetz

Betrachtung von Kabelnetzen sichtbar. Maschennetze erfordern die Verbindung von mehreren Knoten untereinander (s. Abb. 3.3). Dieser hohe Verkabelungsaufwand entfällt selbstverständlich bei Funknetzen. Demgegenüber sind Maschennetze Ausfall sicherer. Auch treten Performanceengpässe seltener auf. Aus diesen Gründen wurden Maschennetze bei der Konstruktion des Internets vorgezogen.

Die sternförmige Netztopologie (Abb. 3.4) folgt klassischen IT-Strukturen mit einem Zentralsystem in der Mitte und den Arbeitsplätzen über Einzelverbindungen peripher damit verbunden. Somit stellt sich eigentlich die Frage nach dem Routing zunächst nicht. Auch sind solche Netze leichter zu administrieren. Gibt es allerdings keine zentrale Redundanz, bricht das Netz bei Ausfall der Zentraleinheit sofort zusammen. Den Platz der Zentraleinheit belegt im WLAN der Access Point mit den ihm zugeordneten Stationen.

3.6 Funktechnologien

Im Unterschied zu verkabelten Netzen kann das Adressierungskonzept im WLAN ein anderes sein: in LANs sind die Adressen fixiert, d. h. jede Adresse ist einer bestimmten Position zugeordnet, während das in einem WLAN nicht unbedingt der Fall zu sein braucht.

Datenübertragung erfolgt durch modulierte Wellen zwischen den Antennen von Sender und Empfänger. Dazu ist es erforderlich, dass vor dem Senden die zu übertragenden

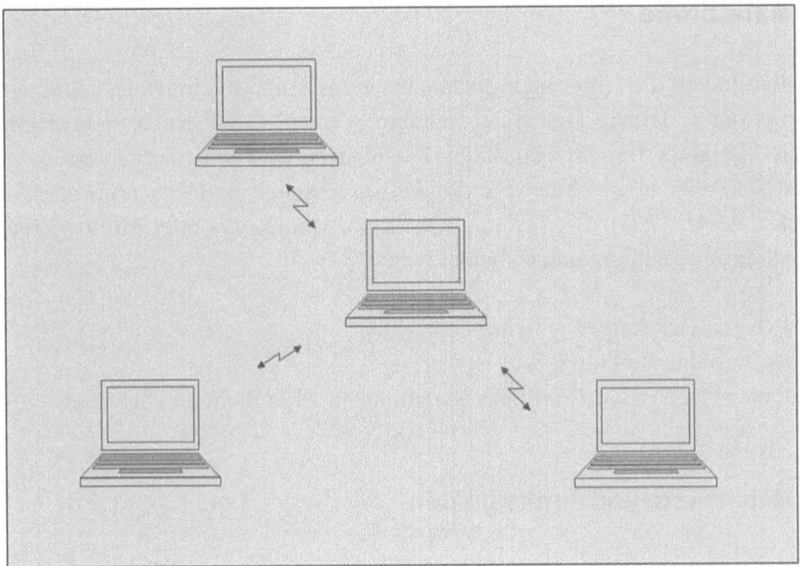

Abb. 3.4 Sternnetz

Informationen in analoge Signale umgewandelt werden. Der Empfänger greift die analogen Signale entsprechend auf und digitalisiert sie anschließend wieder.

3.6.1 Das Modulationsverfahren

Wie läuft das Modulationsverfahren ab? – Zunächst wird von der Grundfrequenz einer verwendeten Funkwelle ausgegangen. Diese wird auch als Trägerschwingung bezeichnet. Auf diese wird das in Frage kommende – auch als Zeichenschwingung bezeichnete – Signal aufgeprägt. Daraus resultiert ein Mischsignal. Und dadurch ändert sich auch das Frequenzspektrum dieser modulierten Schwingung gegenüber der ursprünglichen nichtmodulierten Trägerschwingung. Je nach Modulation verhält sich das erzeugte Signal anders gegenüber sonstigen Signalen, die sonst noch in der Nähe auftauchen. Je nach Modulationsverfahren können die betrachteten Signale mehr oder weniger stabil bzw. mehr oder weniger störanfällig sein.

Das Spread Spectrum Verfahren wurde entwickelt, um eine verbesserte Signalstabilität zu bekommen. Dahinter steht die Methode, ein Signal auf mehrere Kanäle umzulegen. Durch diese Art von Modulation wird das Signal mit mehr als einer Trägerschwingung gespreizt. Das macht das Signal robuster gegenüber Störungen von außen. Gleichzeitig sinkt dabei der Energieverbrauch. Der Nachteil dieses Verfahrens besteht darin, dass mehr Bandbreite benötigt wird.

3.6.2 Bandbreite

Die Bandbreite legt die Übertragungskapazität eines Trägermediums fest. Und die beeinflusst direkt die erzielbare Datenrate. Bandbreite meint den Frequenzbereich, innerhalb dessen die Signalübertragung stattfindet. Die übertragbare Informationsmenge pro Zeiteinheit ist also abhängig von der Bandbreite. Ihre Einheit ist Hertz (Hz) oder Vielfache davon (kHz, MHz, GHz). Die Datenrate selbst wird in Kbit/s oder Mbit/s gerechnet. Je nach Übertragungsrichtung unterscheidet man:

- duplex (beide Richtungen gleichzeitig)
- simplex (nur eine Richtung)
- halb-duplex (wechselnde Verbindungsrichtungen, aber nicht gleichzeitig).

3.6.3 Reichweite von Funksignalen

Die Reichweite von Funksignalen hängt ab von:

- der Dämpfung
- der Frequenz
- Störungen von außen.

Dabei haben schwache niederfrequente Wellen oftmals eine relativ große Reichweite, da sie u. a. auch physikalische Hindernisse durchdringen können. Höherfrequente Wellen sind dazu nicht in der Lage. Abb. 3.5 zeigt die Verteilung der Intensität von Funksignalen.

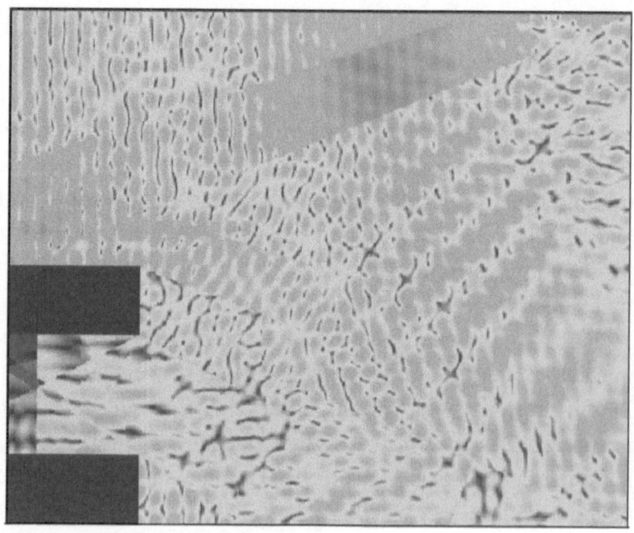

Abb. 3.5 Repräsentative Verteilung der Intensität von Funksignalen ©Mit freundlicher Genehmigung von IEEE

Das Übertragungsmedium eines Funknetzes weist gegenüber Kabelnetzen ganz spezifische Unterschiede auf:

- keine sichtbaren Abgrenzungen
- kein Schutz gegenüber Interferenz-Signalen.

Außerdem kann die gegenseitig „Sichtbarkeit" aller Stationen mit allen anderen innerhalb desselben Netzes nicht vorausgesetzt werden. Manche Stationen bleiben unter Umständen unsichtbar. Funkwellen haben die unangenehme Eigenschaft, dass sie schwanken und sich nicht unbedingt symmetrisch ausbreiten.

All das führt dazu, das Funknetze auch physikalisch gesehen weniger zuverlässig sind, als man es von Kabelnetzen gewohnt ist.

3.6.4 Kanalverteilung

Der Frequenzbereich für WLANs des ISM-Bandes wurde bereits mehrfach erwähnt. Dabei wird das 2,4 GHz Frequenzband zwischen 2,4 und 2,4835 GHz in einzelne Kanäle aufgeteilt. Sie haben jeweils eine individuelle Breite von 22 MHz. Ihr Abstand beträgt 5 MHz. Dabei kann es zu Frequenzabweichungen kommen. Das wird durch das Spreizverfahren verursacht. Die Abweichungen können bis zu 12,5 MHz gegenüber der Zentralfrequenz in beide Richtungen betragen. Das ist die Ursache für eventuell auftretende Interferenzen zwischen benachbarten Kanälen. Abb. 3.6 zeigt eine beispielhafte Kanalverteilung.

3.6.5 Trennung von Kanälen

Nutzt man aber gleichzeitig jeweils nur Kanäle, die möglichst weit voneinander entfernt liegen (Kanaltrennung), lassen sich Interferenzen weitgehend vermeiden. Idealerweise sollte nur jeder fünfte Kanal gleichzeitig genutzt werden. Das würde allerdings dazu führen, dass höchstens drei unterschiedliche Kanäle im selben WLAN zum Einsatz kämen. Zur Optimierung der Leistung bliebe dann nur noch die Verhinderung von Störungen von außen. Die Tab. 3.1 zeigt die Frequenzverteilung im 2,4–2,5 GHz-Band.

Abb. 3.6 Die Kanäle 2, 7 und 12 sind überlappungsfrei

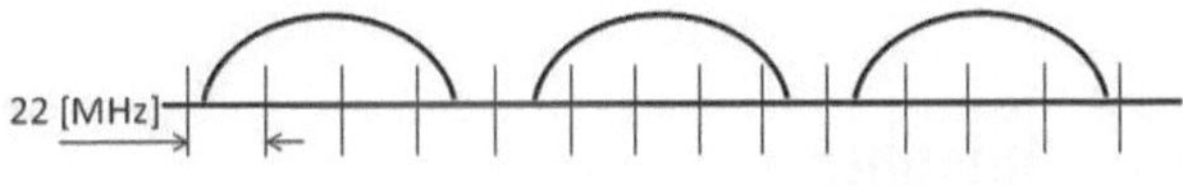

Tab. 3.1 Frequenzen der verschiedenen Kanäle im 2,4–2,5-Frequenzband

Kanal	Zentralfrequenz (MHz)	Frequenz-Spread (MHz)
1	2412	2399,5–2424,5
2	2417	2404,5–2429,5
3	2422	2409,5–2434,5
4	2427	2414,5–2439,5
5	2432	2419,5–2444,5
6	2437	2424,5–2449,5
7	2442	2429,5–2454,5
8	2447	2434,5–2459,5
9	2452	2439,5–2464,5
10	2457	2444,5–2469,5
11	2462	2449,5–2474,5
12	2467	2454,5–2479,5
13	2472	2459,5–2484,5

Das breitere 5 GHz Band ist breiter von der Ausgangslage her. Mit ihm können 19 Kanäle ohne Überlappung genutzt werden. Ein weiterer Vorteil besteht darin, dass weder Mikrowellenherde noch der Mobilfunk diese Frequenzen nutzen, und deshalb die Störanfälligkeit geringer ausfällt.

3.7 Die wichtigsten Standards

Standards in Computernetzen aller Art sorgen dafür, dass Konventionen und Regeln festgelegt werden, die dann auch eingehalten werden müssen. Die Regeln sind in Protokollen festgelegt. Die Standards selbst werden erarbeitet und weiter gepflegt von institutionalisierten Gremien, die eine entsprechende Anerkennung genießen. Wie bereits erwähnt, stellen die WLAN-Standards eine Untergruppe von LAN-Standards dar. Die Alleinstellungsmerkmale der WLAN-Standards beziehen sich hauptsächlich auf das Medium der Vernetzung. Im Folgenden soll das Verständnis für diese Standards geweckt werden. Das ist für das Verständnis der weiteren Materie hilfreich.

3.7.1 Überblick

3.7.1.1 Das OSI-Modell und Standards

Grundlage der 802.11 Standards ist das Open Systems Interconnection Model (OSI), das seinerzeit von der International Organization for Standardization (ISO) entwickelt wurde. OSI ist die Basis für alle Netzwerkprotokolle. Es definiert die Kommunikation von offenen

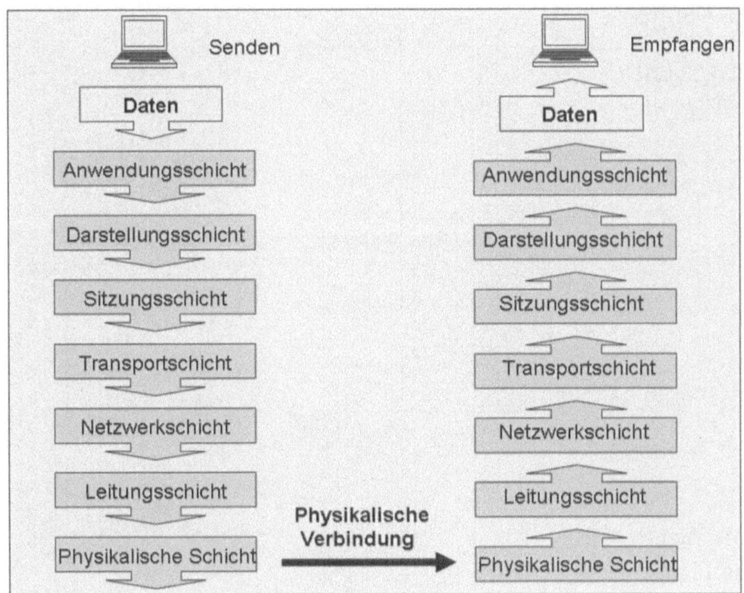

Abb. 3.7 Datenübertragung nach dem OSI-Modell

und verteilten Systemen. Dazu bedient es sich so genannter Protokollschichten – sieben insgesamt. Diese Schichten bauen aufeinander auf. Wenn von offenen Systemen die Rede ist, sind die Systeme nicht an einen gesonderten Firmenstandard gebunden, verteilt bedeutet eine dezentrale Systemlandschaft (s. Abb. 3.7).

3.7.1.2   Die physikalische Schicht

Wird eine Kommunikation zwischen zwei Partnern initialisiert, so wird ein Prozess angestoßen, in dessen Folge die verschiedenen Schichten mit den ihnen zugedachten Rollen durchlaufen werden. Das beginnt auf der „physikalischen" Schicht, dem Physical Layer PHY. Hier treten die Protokolle in Erscheinung, die für den Auf- und Abbau der Verbindung über die beteiligten Komponenten sorgen. Dabei werden die Daten in physikalische Signale umgesetzt. Das Protokoll regelt diesen Vorgang unabhängig vom Kommunikationsmedium. Abb. 3.8 zeigt den Zusammenhang zwischen OSI und dem 802-Standard.

3.7.1.3   Die Verbindungsschicht

Oberhalb der physikalischen Schicht ist die Sicherungs- oder Verbindungsschicht angesiedelt, die auch Data Link genannt wird. Sie ist zuständig für das Management der aufgebauten Verbindung zwischen Sende- und Empfangsstationen. Diese Schicht garantiert die Integrität der Datenübertragung. Die hierfür verwendeten Protokolle zerlegen die Daten, die aus der physikalischen Schicht her kommen, in Pakete und überwachen dabei gleichzeitig deren Übermittlung. Sie können Übertragungsfehler erkennen und gegebenenfalls auch korrigieren.

Eine dritte Schicht, die beteiligt ist, die Netzwerkschicht, sorgt für das korrekte Routing der Datensätze, die als fehlerfrei identifiziert worden sind. Weitere Protokolle betreffen:

Abb. 3.8 Das OSI-Referenzmodell im Verhältnis zum IEEE 802 LAN/MAN-Referenzmodell

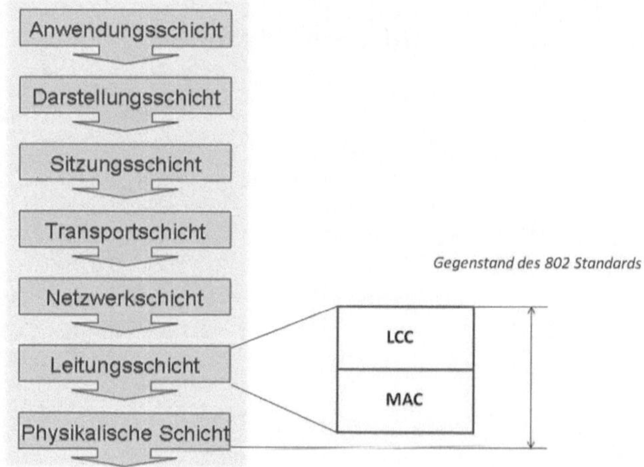

- Transportschicht
- Sitzungsschicht
- Präsentationsschicht und
- Anwendungsschicht.

Diese sind nicht Gegenstand der spezifischen WLAN-Standards.

3.7.1.4   Medium Access Control

IEEE 802.11 kümmert sich nur um die physikalische und die Verbindungsschicht – die beiden untersten Schichten des OSI-Modells, wobei die Verbindungsschicht nochmals in zwei Teilschichten zerlegt wird. Eine Teilschicht nennt sich Medium Access Control (MAC); die Teilschicht darüber wird als Logical Link Control (LLC) bezeichnet. Für letztere wurde ein eigener Standard 802.2 geschaffen. Er bezieht sich auf alle Arten von LANs. Das zugehörige Protokoll managt die Kommunikation zwischen Computern.

Die MAC-Schicht selbst ist verantwortlich für die Zerlegung der zu transportierenden Daten in Pakete, die als MAC Protocol Data Units (MPDU) bezeichnet werden. Außerdem steuert es den Zugriff auf das Übertragungsmedium entsprechend dem auf der physikalischen Schicht festgelegten Arbeitsmodus. Das ist wichtig, wenn mehrere Stationen auf dasselbe Übertragungsmedium zugreifen. MAC verhindert Kollisionen und Datenverluste. Diese können eben bei gleichzeitigem Senden und Empfangen durch mehrere Stationen im selben Netz entstehen. Das CSMA/CA- Verfahren (Carrier Sense Multiple Access with Collision Avoidance) aus 802.11 sorgt dafür, dass immer nur ein Gerät zu einem gegebenen Zeitpunkt sendet.

3.7.1.5   WLAN und LAN

OSI bietet eine Reihe von Vorteilen, die hier noch einmal kurz aufgelistet werden sollen:

- Protokolle von höheren Schichten können problemlos auf Dienste unterer Schichten zugreifen.
- Für Protokolle einer höheren Schicht ist die Arbeit auf der darunterliegenden Schicht transparent.
- Hardware-Komponenten können in die Schichtenhierarchie eingeordnet werden (Netzwerkbrücken gehören zur Verbindungsschicht, Router zur Netzwerkschicht).

3.8   Der IEEE-802.11

Die Standards, die das IEEE in den letzten Jahren für drahtlose Netze verabschiedet hat, sind – wie schon erwähnt – von vornherein als Teil der 802-Familie entworfen, wodurch das Zusammenspiel mit klassischen Ethernet-Lösungen erleichtert wird.

3.8.1   Allgemeine Entwicklung

Der erste Standard für WLANs wurde unter der Nummer 802.11 im Jahre 1997 freigegeben. Diese Version bezieht sich stringent auf das OSI-Modell. Für die physikalische Schicht PHY wird der Datenweg via Funkverbindung festgelegt. Hier kommen Technologien zum Tragen, die bereits weiter oben erwähnt: FHSS und DSSS zur Spreizung des Frequenzspektrums. Die originären Übertragungsraten (brutto) sollten ursprünglich 1 Mbit/s für FHSS und 2 Mbit/s für DSSS betragen.

Außerdem wurde hier festgelegt, dass zur Datenübertragung das ISM-Band bei 2,4 GHz zu verwenden ist. Bereits jetzt wurden die beiden möglichen Modus der Kommunikation zwischen Teilnehmern festgelegt: Ad hoc zwischen zwei Teilnehmern und Infrastruktur über Access Points.

Fernerhin erfolgte die Spezifikation der MAC-Teilschicht innerhalb der zweiten OSI-Schicht für den Medienzugriff; dazu die notwendigen Protokolle als Schnittstelle zur physikalischen Schicht.

WLAN-Komponenten im Handel können unterschiedliche Versionen von 802.11 bedienen. Die Frage der Kompatibilität sei an dieser Stelle zunächst einmal zurück gestellt. Allen ist gemeinsam, dass auf dem Typenschild oder an geeigneter Stelle die Standardversion ausgezeichnet ist, die diese Komponenten bedienen können, beispielsweise: 802.11b. 802.11 meint den Standard an sich, der angehängte Buchstabe steht für eine spezifische Version. Er leitet sich ursprünglich aus der Identifizierung der jeweiligen Task Group her, die sich im Rahmen der Gesamt-Work-Group für alle WLAN-Standards mit dieser spezifische Version beschäftigt hat. Im Folgenden sollen diese Versionen im Einzelnen erläutert werden.

Die Version 802.11b hat die bisher weiteste Verbreitung gefunden. Das hängt mit dem Frequenzband zusammen. Das 2,4 GHz-Band steht in der überwiegenden Zahl der Länder lizenzfrei zur Verfügung. Es gibt natürlich mittlerweile Komponenten, die auch die anderen Mitglieder der 802.11-Familie unterstützen (z. B. 802.11g oder 802.11i). Einige dieser Varianten sind auch untereinander kompatibel. Außerdem kann man Komponenten erwerben, die gleichzeitig unterschiedliche Varianten unterstützen. So gibt es Access Points, die für 802.11a, b und g eingesetzt werden können.

Heutzutage befinden sich WLAN-Schnittstellen in allen Notebooks und Smartphones auf dem Markt.

3.8.2   Die Erweiterungen im Einzelnen

Wie bereits erwähnt, liegt im Kern der Spezifikation des Standards die Beschreibung von Verbindungen auf der physikalischen Schicht sowie für die Verbindungsschicht die Steuerung des Medienzugangs auf der MAC-Teilschicht.

Es war aber auch die Rede von der zweiten Teilschicht der OSI-Verbindungsschicht: LLC (Logical Link Control). Im 802.11 wurde hier nichts Spezifischen festgelegt. Der bereits vorhandene Standard 802.2, der für LANs allgemein gilt, wurde übernommen. Das bedeutet, dass die 802.11 Zugriffsprotokolle im Ergebnis LAN-kompatibel sein müssen. Abb. 3.9 zeigt den Zusammenhang zwischen OSI und 802.11.

3.8.2.1   Die Version 802.11a

Im Jahre 1999 wurde die 1997 freigegeben Version noch einmal grundlegend überarbeitet. Im selben Jahre kamen gleich zwei neue Versionen hinzu: 802.11a und 802.11b. Für 802.11a wurde ein Verfahren eingeführt, das die Datenübertragungsrate wesentlich steigert – das OFDM-Verfahren. Dieses nutzt außerdem ein anderes Frequenzband. Ab jetzt sind Übertragungsraten von zwischen 6 und 54 Mbit/s im 5 GHz-Band möglich – unabhängig von Steigerungen, die manche Hersteller durch Eigenlösungen zusätzlich anbieten. In der Praxis nutzen die Stationen die höchstmögliche Übertragungsrate. Stellen sich aus verschiedenen Gründen zu viele Fehler beim Datentransfer ein, kommen niedrigere Raten zum Einsatz.

Abb. 3.9 Der IEEE 802-Standard und das OSI-Modell

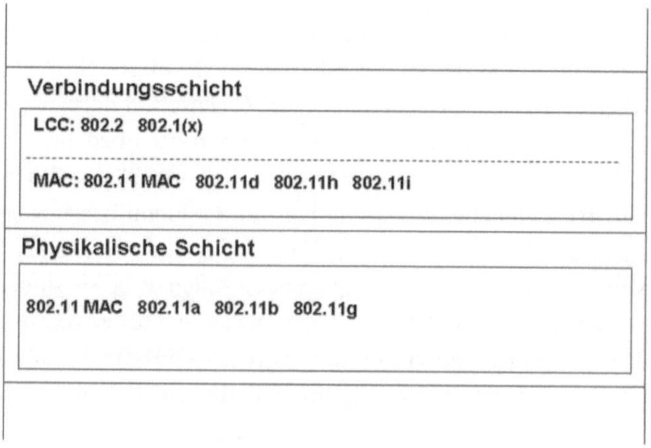

Das 5 GHz-Band wurde in Deutschland seit November 2002 zur Nutzung durch WLANs freigegeben. Dazu gehören insgesamt 19 Kanäle mit je 20 MHz Kanalbreite und Abständen zwischen 5,15 und 5,35 GHz sowie 5,47 und 5,725 GHz untereinander. Der Abstand soll Interferenzen zwischen benachbarten Kanälen verhindern. Einschränkend darf das erste Band nur innerhalb von Gebäuden genutzt werden. Die Sendleistung muss auf 200 mW begrenz sein. Das bedeutet eine Reichweite von lediglich 10 bis 15 m. Für das zweite Band liegt die Obergrenze bei 1 W.

3.8.2.2   Die Version 802.11b

Zeitgleich mit 802.11a wurde 802.11b veröffentlicht. Diese Version verbleibt im Frequenzbereich von 2,400 bis 2,4835 GHz. Sie erreicht trotzdem eine Steigerung der Datenrate auf 5,5 bzw. 22 Mbit/s (brutto). Dies wird sicher gestellt durch die HR/DSSS-Technologie. Sie ist abwärts kompatibel mit DSSS. Die Netto-Übertragungsrate beträgt etwa 50 % davon. Das vergleicht sich gut mit der Rate in noch heute existierenden LANs von 10 Mbit/s. Auch gegenüber dem Internet kann sich diese Rate sehen lassen – was klassische Datenübertragung betrifft. Die neueren Anforderungen aus dem audiovisuellen Bereich stellen dafür jedoch ernsthafte Herausforderungen dar.

Ein weiterer Grund, warum 802.11b der am weitesten verbreitete Standard ist, ist in der WECA, jetzt WI-FI-Alliance, die im gleichen Jahr 1999 gegründet wurde, zu finden. Die WI-FI-Alliance förderte die Technologie durch Vergabe des Wi-Fi-Logos. Ansonsten gibt es eine Reihe technischer Vorteile gegenüber 802.11a, z. B. die größere Reichweite sowohl in Gebäuden als auch im Freien. Die Nachteile liegen – wie gesagt – in den möglichen Interferenzen mit anderen technischen Geräten im 2,4 GHz-Band.

3.8.2.3   Die Version 802.11d

Die Version 802.11d enthält Spezifikationen für die MAC-Schicht, die es ermöglichen, WLAN-Komponenten überall auf der Welt einzubinden. Für dieses Roaming werden die Sendeparameter entsprechend angepasst.

3.8.2.4   Die Version 802.11g

Der Standard 802.11g wurde von der IEEE im Juni 2003 freigegeben. Er ist abwärts kompatibel mit dem 802.11b und nutzt ebenfalls das Frequenzband zwischen 2,4 und 2,4835 GHz. Da er zudem mit der OFDM-Technologie arbeitet, erzielt man mit ihm Übertragungsraten von 54 Mbit/s (Maximum). Bei der Reichweite hat sich aber gegenüber 802.11b nichts geändert. Somit können 802.11g Komponenten problemlos in existierende 802.11b WLANs integriert werden. In der Praxis wird das durch den Kompatibilitätsmodus erreicht mit dem Nachteil, dass die Übertragungsrate wiederum auf 10–15 Mbit/s heruntergefahren wird.

3.8.2.5   Die Version 802.11h

Die Version 802.11h dient dazu, Funkregulierungen im 5 GHz-Bereich, wie sie in Europa üblich sind, abzudecken. Dazu sind Anpassungen auf der MAC-Schicht erforderlich. Im

Einzelnen geht es um den Einsatz des TPC (Transmit Power Control)-Verfahrens. Dieses Verfahren setzt die Sendeleistung in Abhängigkeit von der Kommunikationsqualität herab. Dahinter verbarg sich eine Anforderung der ETSI.

Zusammen mit der ETSI sind auch die deutschen Regulierer vorstellig geworden. Die zuständige Behörde forderte den Einsatz von TPC als Voraussetzung für die Freigabe von Komponenten im 5 GHz-Band. Ansonsten würden bestimmte Obergrenzen greifen. Innerhalb von Gebäuden liegt die Obergrenze bei 30 mW für Access Points ohne TPC, mit TPC bei 60 mW zwischen 5,150 und 5,350 GHz. Für Geräte, die mit einem dynamischen Frequenzwahlverfahren ausgestattet sind, erhöht sich darüber hinaus die Obergrenze auf 200 mW.

TPC macht nichts anderes, als die Sendeleistung konstant innerhalb der zugelassenen Bandbreite zu halten, wenn einzelne Stationen miteinander oder mit einem Access Point kommunizieren. Dazu ist ein Regelbereich für automatische Leistungsanpassung definiert. In Deutschland liegt der bei 6 dB. Um dieses Verfahren zu realisieren, fordern die Stationen Statusinformationen über die Verbindungsstrecke zwischen den Kommunikationspartnern via TPC Request Frames an.

Ein weiteres Feature ist DSF: Dynamic Frequency Selection. Hierbei handelt es sich um eine Methode, die jeweils günstigste Frequenz auszuwählen. Im Zuge dieses Verfahrens wird immer dann automatisch ein Kanalwechsel vollzogen, wenn außer dem jeweiligen Benutzer noch andere User oder technische Fremdgeräte auf demselben Kanal innerhalb des 5 GHz-Bandes arbeiten. Eine entsprechende Prüfung erfolgt vor jeder einzelnen Kanalnutzung. Auf diese Weise werden Interferenzen in dem Frequenzband ausgeschlossen. In allen anderen Bereichen ist 802.11h mit 802.11a kompatibel.

3.8.2.6   Die Version 802.11i

Noch näher zurück liegt die Veröffentlichung von 801.11i. Erst im Jahre 2004 wurde sie mit einem zuverlässigeren Sicherheitsprotokoll freigegeben. Auslöser war das Verschlüsselungsverfahren WEP und die damit verbundenen Risiken. Als Ausweg hat man nicht ein Verfahren (WEP) durch ein besseres ersetzt, sondern eine ganze Sicherheitsarchitektur entwickelt, die RSN: das Robust Security Network. Dieses Sicherheitsprotokoll kann innerhalb der Versionen 802.11a/b/g und h zum Einsatz kommen.

Und erstmals lässt sich auch der Ad hoc Modus wirkungsvoll absichern. 802.11i verwendet eine Reihe von Verschlüsselungsverfahren. Dazu gehört auch AES: Advanced Encryption Standard. Das Schlüsselmanagement basiert auf dem Temporal Key Integrity Protocol (TKIP). Außerdem wird ein gesondertes Authentifizierungsverfahren für WLAN-Zugriffe angewendet, das im Detail im Standard 802.1x beschrieben wird. Dieses Authentifizierungsverfahren funktioniert entlang dem Extensive Authentication Protocol (EAP). Der Standard selbst gehört nicht der 802.11 Familie an, sondern dem allgemeinen Bereich von 802 für alle Arten von Netzwerken.

Ein weiterer Grund, warum 802.11i dringlich wurde, war die Tatsache, dass Teile davon bereits unter WPA der Wi-Fi-Alliance kursierten. Die Alliance hat nachher diesen Standard auch unter WPA2 geführt.

3.8.2.7   802.11-2007

In diesem Standard vom 8. März 2007 wurden 8 Erweiterungen (802.11a, b, d, e, g, h, i, j) zu einem einzigen Standard zusammengefasst.

3.8.2.8   802.11n

Wie auch alle bisherigen Standards arbeitet 802.11n in den Frequenzbereichen 2,4 und 5,0 GHz. Ziel der neuen Entwicklung ist eine Übertragungsrate von 600 Mbit/s und eine Reichweite von bis zu 300 Metern. Hierbei handelt es sich jedoch um theoretische Werte. In der Praxis ist eine Rate von 100 Mbit/s eher wahrscheinlich. Das hängt mit dem Zusammenspiel von Komponenten unterschiedlichster Art in einem typischen Netzwerk zusammen. Weil der neue Standard rückwärts kompatible mit 802a, b und g sein soll, wird die Rate wahrscheinlich noch niedriger sein.

Der Standard wendet hauptsächlich drei Technologien an: Multiple Input Multiple Output (MIMO), Channel Bonding und Frame Aggregation. Bei MIMO werden mehrere Sender und mehrere Empfänger gleichzeitig eingesetzt. Durch räumliches Multiplexing werden die Datenströme zerstückelt und als einzelne Einheiten über denselben Kanal simultan abgeschickt. Der Empfänger setzt aus diesen Strömen die Nachricht über einen komplexen Algorithmus wieder zusammen. Zusätzlich fokussiert MIMO die Energie des Funksignals in Richtung des vorgesehenen Empfängers. Die Channel Bonding Methode des 802.11n erweitert zwei 20 MHz Kanäle zu einem einzigen 40 MHz Kanal und verdoppelt somit die Übertragungsrate. Indem individuelle Frames zu größeren Datenpaketen kombiniert werden, wird die Gesamtzahl der Frames reduziert und damit auch die Overheads, sodass die transportierte Menge noch einmal gesteigert werden kann.

3.8.2.9   802.11p

Dieser Standard ist eine Erweiterung von 802.11a für den Einsatz in Fahrzeugen zur Kommunikation zwischen Fahrzeugen, veröffentlicht im Jahre 2010. Die Datenrate beträgt 27 Mbit/s brutto im Frequenzband von 5,850–5,925 GHz.

3.8.2.10   802.11-12

In diesem Standard, veröffentlicht am 29. März 2012, wurden 10 Erweiterungen zum 802.11-2007 (802.11k, r, y, n, w, p, z, v, u, s) zusammengefasst.

3.8.2.11   802.11ac

Hierbei handelt es sich um Erweiterungen zu 802.11n, veröffentlicht im Jahre 2013. Die Datenraten betragen 6,5 bis 96,3 Mbit/s bei 20-MHz-Kanalbreite, 13,5 bis 200 Mbit/s bei 40-MHz-Kanalbreite, 29,2 bis 433 Mbit/s bei 80-MHz-Kanalbreite, 58,5 bis 867 Mbit/s bei zweimal 80-MHz- oder 160-MHz-Kanalbreite und bei mit MIMO ausgestatteten Geräten bei 80 MHz Kanalbreite bis zu 1299 Mbit/s – theoretisch mit bis zu 6936 Mbit/s.

Die ersten Geräte im Frequenzband von 5 GHz (Router, Laptops, Smartphones) kamen Ende 2013 auf den Markt.

3.8.2.12 802.11ad

Dieser Standard verfügt über eine große Bandbreite mit vier Kanälen im 60-GHz-Band. Die Datenraten im OFDM-Modus betragen 1540, 2310, 2695, 3080, 4620, 5390 und 6930 Mbit/s, im QAM-Modus: 26, 361 bis 5280 Mbit/s mit einer maximalen Reichweite von 10 m.

3.8.2.13 802.11ah

Dieser Standard wurde Anfang 2016 veröffentlicht. Er operiert im Frequenzband von 900 MHz mit 26 1 MHz Kanälen bzw. 13 2 MHz Kanälen.

3.9   WLAN Architektur

WLAN Architektur oder Topologie meint die Anordnung von Komponenten, und wie diese untereinander verbunden sind. Der 802.11 Standard beschreibt, wie solche Topologien aussehen können. Das Spektrum von unterschiedlichen Topologien beginnt bei der einfachsten Architektur, die nur zwei Geräte beinhaltet bis zu ausgedehnten komplexen Netzwerken. Die Sende- und Empfangsgeräte, die Elemente dieser Architekturen sind, werden als Stationen bezeichnet.

Entsprechend 802.11 setzen sich Funknetze aus Zellen zusammen (s. Abb. 3.10). Diese Zellen kombinieren ihrerseits wieder zu ausgedehnten Netzen. Die Reichweite der beteiligten Sender legt die Ausdehnung einer Funkzelle fest. Diese Ausdehnung ist abhängig von der Antenne und deren Leistung. Im Standard-Dokument lautet die Bezeichnung für eine solche Zelle Basic Service Set (BSS).

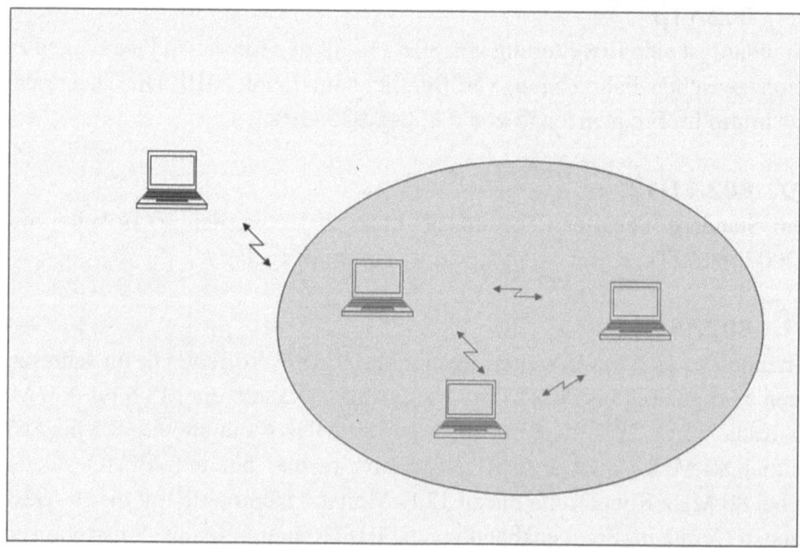

Abb. 3.10 Stationen innerhalb und außerhalb einer Funkzelle

3.9.1 BSS

Ein BSS ist also definiert durch die Fläche bzw. den Raum, innerhalb dessen die zu dieser Zelle gehörigen Stationen untereinander kommunizieren können. Dabei werden die lokalen Grenzen bestimmt durch die jeweiligen Reichweiten. Eine weitere Voraussetzung ist, dass alle Stationen sich über den gleichen Kanal austauschen.

Stationen sind mobil. So kann es geschehen, dass die eine oder andere sich außerhalb der Reichweiten der Netzpartner bewegt. In diesem Fall sind die betroffenen Stationen nicht mehr Bestandteil des vorherigen BSS (s. Abb. 3.11).

Eine weitere Konstellation, die denkbar ist, sind sich überlappende Stationen. Das führt dazu, dass einige Stationen für alle anderen erreichbar sind, einige wiederum können nur eine begrenzte Anzahl von anderen Stationen erreichen. Um eine Funkzelle weiter zu entwickeln, kann man einfach weitere Stationen hinzufügen.

3.9.2 Der Ad-hoc-Modus

Am untersten Ende des Spektrums der Netzwerkarchitekturen steht die Zelle, die lediglich aus zwei Computern besteht (s. Abb. 3.12), die senden, empfangen und Daten austauschen können. Auf diese Weise bilden bereits zwei Laptops ein erstes WLAN. Auch wenn ein weiteres Gerät hinzugefügt wird, ist noch keine Zentralverwaltung erforderlich. Es nimmt einfach an der Kommunikation teil. Bei normalen LANs müsste das über eine zusätzliche Verkabelung erreicht werden.

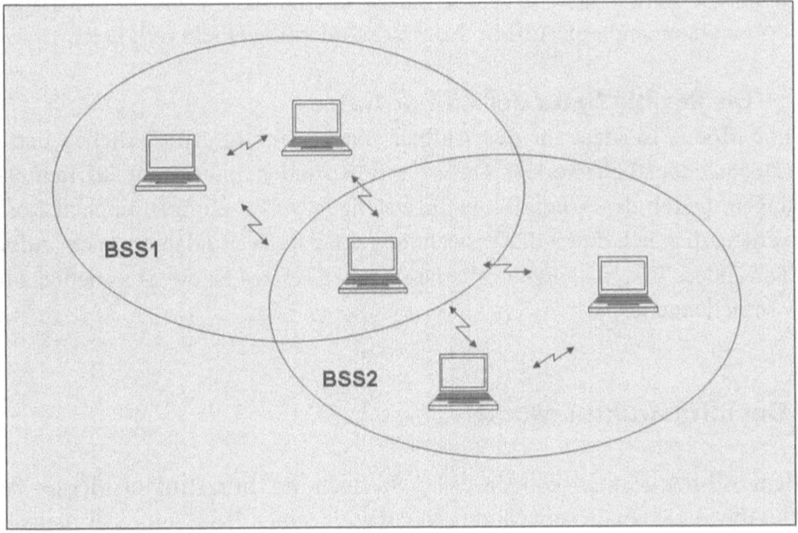

Abb. 3.11 Überlappende BSS

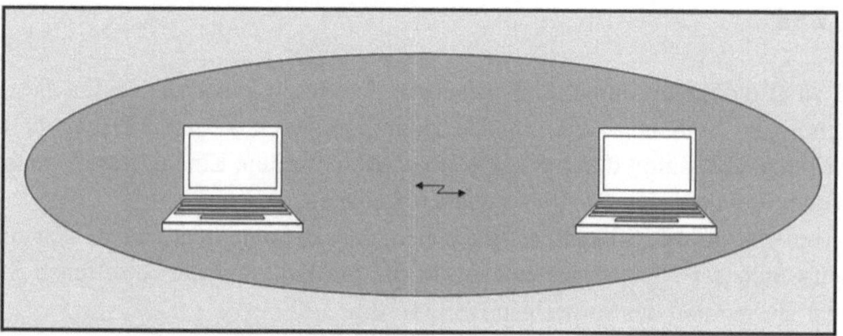

Abb. 3.12 Ad-hoc-Vernetzung von zwei Stationen

3.9.2.1   Von BSS zu IBSS

In der Praxis lassen sich solche Ad-hoc-Netzwerke bis zu einer gewissen Anzahl von Teilnehmern ständig erweitern. Diese Funkzellen werden in der 802.11 Spezifikation als Independent Basic Service Set (IBSS) bezeichnet. Zentrale Konfiguration und Steuerung werden nicht benötigt – daher der Name Ad-hoc-Netzwerke. Alle Stationen sind gleichberechtigt. Der Datenaustausch erfolgt direkt zwischen den einzelnen Teilnehmern. Man nennt diese Art von Zusammenarbeit auch Peer-to-Peer-Workgroup.

Voraussetzung für das Funktionieren eines solchen WLANs ist die Aktivierung des Ad-hoc-Modus auf allen Stationen sowie die Selektion eines gemeinsamen Übertragungskanals. Normalerweise werden Reichweiten von zwischen 30 und 50 m innerhalb desselben Gebäudes erzielt. Außerhalb kann es zwischen 100 und 300 m gehen. Nutzt man mehrere Kanäle, ist die Konstruktion von mehreren Netzen im selben geografischen Bereich möglich, ohne dass es zu Interferenzen kommt. Das Wandern einer Station von einem Netz zu einem anderen Ad-hoc-Netz ist so allerdings nicht möglich.

3.9.2.2   Die flexible Natur der Ad-hoc-Netze

Der Ad-hoc-Modus ist ideal für den Aufbau von kurzfristig erforderlichen und zeitlich begrenzt zu nutzenden Netzwerken. Das ist z. B. besonders interessant auf Tagungen oder Ausstellungen. Durch den Wegfall von aufwendigen Verkabelungen können Kosten eingespart werden, die auch durch die Verwendung von Netzwerkadaptern nicht aufgewogen werden. Die äußere Erscheinungsform eines solchen Netzes ist ein Maschennetz bzw. ein partielles Maschennetz.

3.9.3   Der Infrastruktur-Modus

Neben dem Ad-hoc-Modus können WLANs auch im Infrastruktur-Modus betrieben werden (s. Abb. 3.13). In diesem Modus sind die einzelnen BSS Teil eines weitverzweigten Netzwerks. Das führt dazu, dass die Stationen nicht mehr Punkt-zu-Punkt miteinander kommunizieren. Der Datenverkehr läuft über eine zentrale Stelle, den Access Point.

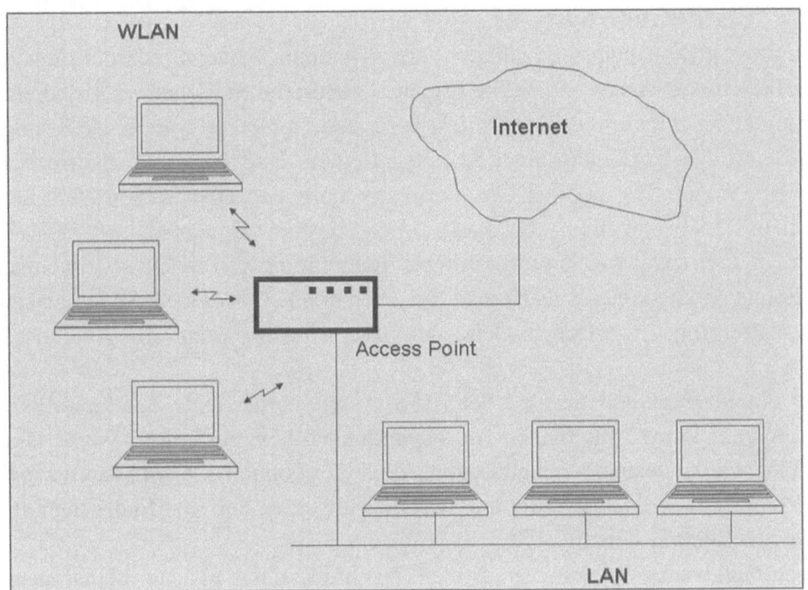

Abb. 3.13 Beispiel eines WLANs im Infrastruktur-Modus

Ähnlich klassischer Zentralrechner-Anwendungen füllt der Access Point die Rolle einer Brücke aus, über die eine Station eine andere erreichen kann. Die Zellenreichweite um einen Access Point herum beträgt zwischen 30 und 250 m. Über seine Funktion im WLAN hinaus kann ein Access Point auch als Gateway zu einem existierenden LAN dienen.

3.9.3.1 LAN Gateway

WLANs ersetzen in der Regel keine existierenden oder konzipierten LANs. Außer im privaten Bereich und für kleinere Anwendungen sind sie als Ergänzungen zu LAN-Architekturen zu sehen. Somit spielt die Integration zwischen einem WLAN und einem LAN eine übergeordnete Rolle. Durch das Angebot leistungsfähiger und erschwinglicher WLAN-Komponenten ist jedoch ein relatives Ungleichgewicht zu Gunsten des WLANs eingetreten. Eine Schlüsselfunktion nimmt dabei der Access Point ein. Neben seiner Steuerungsfunktion im WLAN ermöglicht er auch den Zugang zu einem angebundenen LAN. Dadurch sind Zugriffe auf die im LAN vorhandenen Ressourcen möglich: Datenbanken, Peripheriegeräte etc. WLAN und LAN können so eine architektonische Einheit bilden, um ganz bestimmte Anwendungen in einer Organisation zu realisieren. Die Vorteile treten dann zu Tage, wenn definierte mobile Nutzergruppen eingebunden werden sollen, oder wenn sich eine Verkabelung aus unterschiedlichen Gründen verbietet (räumliche Gegebenheiten, Kosten etc.).

Die einfachste Architektur eines WLANs im Infrastrukturmodus besteht aus einem einzigen Access Point und einer oder mehrerer Stationen. Der Access Point ist dabei das zentrale Element. Darüber hinaus sind Erweiterungen über zusätzliche Stationen bzw. Access Points mit ihren jeweils zugeordneten Teilnehmern in fast unbegrenzter Kombinatorik denkbar.

3.9.3.2 Distribution Systems

Man spricht von Distribution Systems – Verteilsystemen –, wenn mehrere Funkzellen, je bestehend aus einem Access Point und seinen zugehörigen Stationen, zu größeren Einheiten zusammengeschlossen werden. In fest verdrahteten Netzen wäre diese Konfiguration eine statische. Die Beziehung einer Station zu einem BSS ist aber grundsätzlich dynamisch. Eben wegen des mobilen Grundprinzips kann sich eine Station zwischen unterschiedlichen BSS bewegen (s. Abb. 3.14).

Will man z. B. zwei LANs mit drahtloser Technologie verbinden, so bieten sich zwei Access Points an. Sie können als Brücke zwischen den LANs dienen. So lassen sich selbst größere Entfernungen zwischen Gebäuden überbrücken, wenn die Antennenleistung stimmt.

Unter einem Extended Service Set (ESS) versteht man eine Konfiguration, in der mehrere Access Points miteinander in Verbindung treten. Auf diese Weise lassen sich auch größere Gebäudestrukturen abdecken. Auch hier können alle denkbaren Möglichkeiten der Mobilität ausgeschöpft werden, was die Beweglichkeit von Endgeräten innerhalb dieser Netzarchitektur betrifft.

Ad-hoc-Netzwerke haben den großen Nachteil, dass für sie keine ausgeprägte Sicherheitsarchitektur zur Verfügung steht, um sich gegen unbefugten Zugriff ausreichend schützen zu können. In Infrastrukturnetzwerken werden die erforderlichen Schutzmaßnahmen durch die Konfigurationsmöglichkeiten auf dem Niveau von Access Points wahrgenommen. Sie bestimmen das Kommunikationsverhalten der Teilnehmer untereinander.

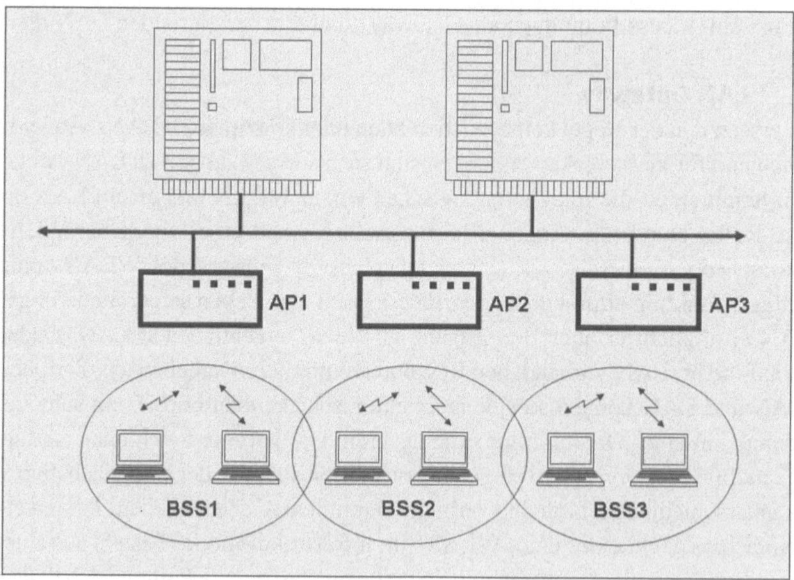

Abb. 3.14 Access Points im Verteilsystem

3.9.4 Access Points

Im Folgenden sollen einige Optionen vorgestellt werden, die bei der Konfiguration von Access Points eine Rolle spielen. Die Ausgangslage ist ein Basic Service Set mit einer initialen Reichweite von 30 bis 50 m. Letztere lässt sich durch geschickte Anordnung der Access Points auf bis zu 100 m vergrößern. Zentrum ist immer ein Access Point mit den ihm zugehörigen Stationen darum herum. Die Stationen kommunizieren nicht direkt miteinander, sondern immer über den Access Point.

3.9.4.1 Dimensionierung

Ausgehend von dem theoretischen Wert, der eine Bedienung von bis zu 2007 Stationen durch einen Access Point ermöglicht, liegen die tatsächlichen Möglichkeiten in der Praxis weit darunter. Neben anderen Faktoren spielt die zu übertragende Datenmenge eine wichtige Rolle. Bei einer Übertragungsrate von 11 Mbit/s liegt eine handhabbare Anzahl von Access Points bei etwa 20. Erhöht sich die Zahl der Stationen signifikant, müssen weitere Access Points eingesetzt werden.

Ein Problem, das gelöst werden muss, wenn sich mehrere Access Points in einem Netzwerk aufhalten, besteht in der störungsfreien Datenübertragung von Stationen, die sich innerhalb der Reichweite von mehr als einem Access Point befinden. Der 802.11 Standard stellt sicher, dass zu einem gegebenen Zeitpunkt eine Station nur jeweils mit einem Access Point kommunizieren kann. D. h. es ist nur eine Zuordnung Station – Access Point aktiv. Die Broadcasts anderer Access Points werden von der betreffenden Station ignoriert. Im Zuge einer möglichen Wanderung einer Station innerhalb des Netzwerks geschieht ein Wechsel von einem Access Point zu einem anderen, sobald sich die Signalstärke des ursprünglichen Access Points abschwächt gegenüber dem alternativen.

3.9.4.2 SSID

Die SSID ist der Name eines Netzwerks im Rahmen von 802.11. Dabei sind alle Access Points im selben Netzwerk über die identische SSID adressierbar. Das ermöglicht den einzelnen Stationen in dem WLAN, sicherzustellen, dass sie mit Access Points in Verbindung treten, die auch wirklich zu dem zugehörigen Infrastrukturnetzwerk gehören. Auf der anderen Seite ergeben sich zusätzliche Steuerungsmöglichkeiten. So lassen sich willkürlich in ein und demselben WLAN verschiedene SSIDs jeweils bestimmten Access Points zuweisen. Auf diese Weise unterteilt man ein WLAN in Untereinheiten. Das kann Sinn machen, wenn z. B. mehrere Usergroups eingerichtet werden sollen. In der Praxis geschieht das durch eine entsprechende Zuordnung von Stationen zu bestimmten Access Points.

Stationen und Access Points finden über die gemeinsame SSID zusammen und etablieren auf diese Weise eine Verbindung untereinander.

Es kann nun die Anforderung bestehen, dass Stationen sich dennoch mit Access Points unterhalten möchten, die unterschiedlichen Netzbereichen zugeordnet sind. Hier besteht die Möglichkeit, einen Joker als Netzwerknamen zu verwenden. Dieser lautet z. B. „Any".

3.9.5 Internetzugang über das WLAN

Die Entwicklung hat dazu geführt, dass kleinere WLAN-Lösungen mittlerweile auch in Privathaushalten attraktiv sind. Die weite Verbreitung von DSLs war Voraussetzung für die Proliferation der Internetnutzung. Auch hierbei spielt der drahtlose Zugang eine immer wichtigere Rolle. Über ein WLAN lassen sich gleich mehrere Internetverbindungen herstellen (s. Abb. 3.15), wenn beispielsweise ein Access Points oder ein DSL-Modem mit einem Router integriert sind.

3.9.5.1 Access Point und Router integriert

Die Herausforderung besteht darin, allen Stationen, die zu einer Funkzelle gehören, einen gemeinsamen Internetzugang zu ermöglichen. Das geschieht über ein Wireless Gateway. der Access Point fungiert als Router bzw. DHCP-Server. Unter Verwendung des Network Address Translation Protocol (NAT) gelingt es, das WLAN mit einer einzigen IP-Adresse zu versehen, die sich dem Internet präsentiert.

Bei Verwendung eines DSL-Anschlusses für den Internetzugang wird zusätzlich das Point to Point Protocol over Ethernet (PPPoE) benötigt. Dann kann ein so ausgerüsteter Access Point direkt mit dem DSL-Modem verbunden werden, um Zugang zum Internet zu gewinnen. Mittlerweile gibt es diese Kombination auch integriert: DSL Modem mit Router/Access Point.

3.9.5.2 Die IP-Adresse

Im Rahmen der oben erwähnten Konfiguration können nun Informationen von der Funkzelle ins Internet über die zugeteilten IP-Adressen geleitet bzw. abgefragt werden. Die

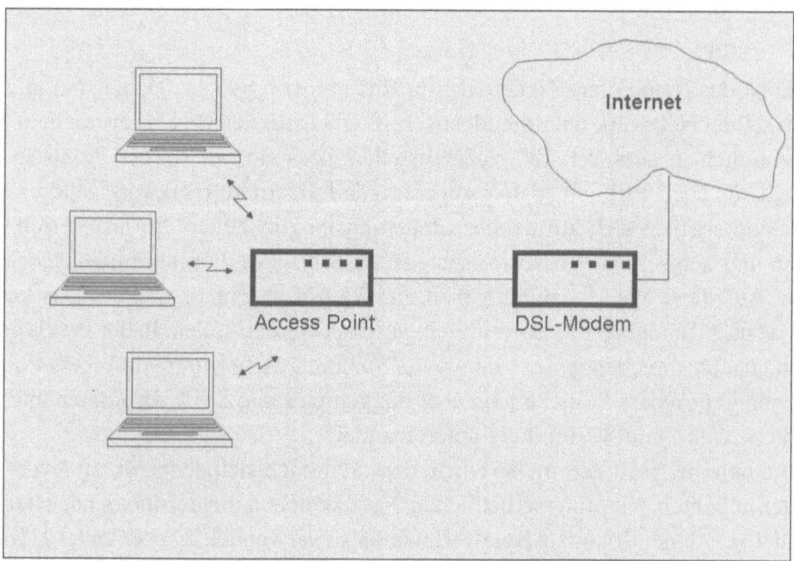

Abb. 3.15 Ein DSL-Anschluss an das Internet für mehrere Geräte

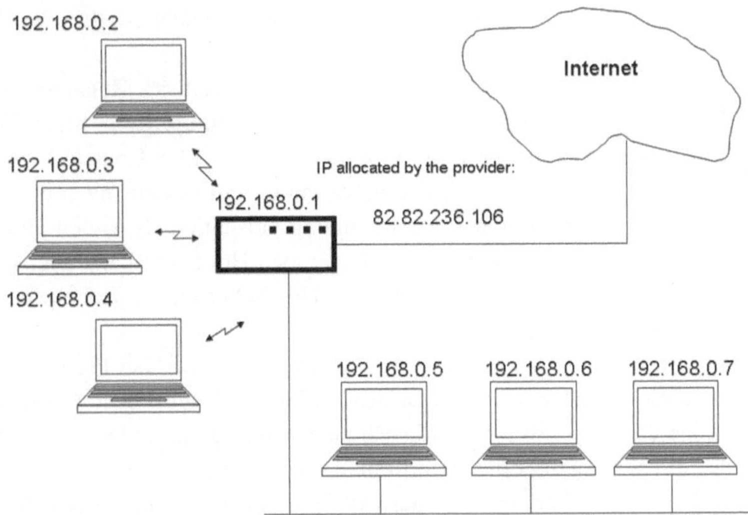

Abb. 3.16 Eine gemeinsame IP-Adresse für das Internet mit NAT

automatische Zuteilung für die Stationen, die zu der Funkzelle gehören, erfolgt über
DHCP. Das Mapping der Internet IP-Adresse des Providers auf die einzelnen Stationen
geschieht über NAT. Auf diese Weise können mehrere Stationen Internetzugang über eine
einzige zugeteilte IP-Adresse erlangen (s. Abb. 3.16).

Das bedeutet andererseits aber auch, dass Stationen des WLANs über das Internet nicht
direkt kontaktiert werden können, sodass sie unsichtbar für mögliche Attacken bleiben.
Deren individuelle IP-Adressen sind auf diesem Wege nicht zu erkennen. Dieser Schutz
ist insbesondere interessant für kleine Netze und für den privaten Bereich.

3.9.5.3 Unterhaltungsmedien

Drahtlose Vernetzungen mit Unterhaltungsmedien haben signifikant an Bedeutung gewon-
nen. Dazu gehören in diesem Zusammenhang z. B. Personalcomputer, Audio- und visuelle
Medien. Eine Beispielanwendung ist die Wiedergabe einer DVD über einen Computer an
einen Flachbildschirm in einem anderen Raum. Insbesondere bieten sich Angebote aus
dem Internet (Radiosender, TV-Stationen) an. Voraussetzung ist das Vorhandensein entsprechender Funkschnittstellen an den zugehörigen Geräten.

3.9.6 Hot Spots

Hot Spots repräsentieren öffentlich nutzbare Funkbereiche, die durch entsprechend aus-
gestattete Access Points der Allgemeinheit oder bestimmten zugelassenen Gruppen zur
Verfügung gestellt werden. Mittlerweile findet man Hot Spots an den wichtigsten öffentlichen Einrichtungen: in fahrenden Zügen, Bahnhöfen, Hotels, Flughäfen, auf Messegeländen und in Tagungszentren und natürlich in Internet-Cafés. Ausgerüstet mit einem

entsprechenden Endgerät kein ein User nunmehr an jedem wichtigen Ort der Welt seine E-Mails abrufen und beantworten.

Hot Spots werden auch deshalb gerne angenommen, weil das Zugangsverfahren so einfach ist. Dabei spielen die operativen Kosten keine wichtige Rolle mehr. Wichtig ist eine einfache GUI, die auch unbedarfte User zu dem gewünschten Kontakt führt. Mit dem Anmelden wird gleichzeitig das Abrechnungsverfahren initialisiert, nach dem am Ende der Sitzung der Hot Spot-Betreiber seine Rechnung präsentiert. In vielen Hotels ist die Hot Spot-Nutzung allerdings kostenlos. Der Zugang zu Hot Spots kann aber auch durch spezielle Codes geschützt sein, sodass z. B. von Hotels betriebene Hot Spots nicht von außerhalb genutzt werden können.

Eine weitere Restriktion besteht in einem temporären Zugriff über Prepaid-Karten, die eine zeitlich begrenzte Dauer haben. Nach Ablauf ist der freigegebene Code dann nicht mehr gültig. Eine elegante Lösung ist die Vergabe von Zugangscodes per SMS und die anschließende Abrechnung über die Mobilfunktelefonrechnung.

Natürlich gibt es auch Überlegungen, das Hot Spot-Konzept zu erweitern. So kann man sich Überlappungen der Reichweite von Hot Spots denken, die sich zu ganzen Hot Spot-Zonen auswachsen, sogenannten Hot Zones. Diese Idee wird von Menschen aus der Open Source Community vorangetrieben. In großen Ballungszentren wie London oder Berlin existieren solche selbstorganisierte Zonen bereits.

3.9.6.1   Corporate Hot Spots

Corporate Hot Spots sind nicht allgemein zugänglich, sondern beschränken sich auf die Kommunikationsinfrastruktur von einzelnen Unternehmen oder Organisationen: Hotels, Krankenhäuser oder Betriebe des Einzelhandels z. B. Je nach Größe der Organisation kann es sich dabei um einzelne oder mehrere Zugänge handeln. Bei der Einrichtung ist es wichtig, zu entscheiden, ob auf solche Hot Spots nur isoliert von den sonstigen Anwendungen des Unternehmens zugegriffen werden kann oder nicht. Dieser Aspekt ist nicht nur wichtig wegen der Integrität der Betriebsdaten, sondern auch bzgl. von Haftungsausschlüssen bei missbräuchlicher Nutzung der Infrastruktur.

Wie bei anderen Anwendungsszenarien auch, müssen solche Einrichtungen durch entsprechende Richtlinien abgedeckt sein. Es kommen also die üblichen Sicherheitsmaßnahmen wie Virenscanner und Firewalls in Frage. Natürlich bieten sich Corporate Hot Spots als eine weitere Tummelwiese für Cyber-Kriminalität an. Zu unterscheiden sind hierbei solche Corporate Hot Spots, die lediglich dazu dienen, Belegschaftsmitgliedern den Zugang zu zentralen Anwendungen zu erleichtern, von solchen, die es zulassen, dass irgendwelche Gäste temporär Zugang zu bestimmten Ressourcen erhalten. Die Sicherheitsprobleme des letzteren Zugangs lassen sich nur durch komplette Isolation von zentralen Anwendungen lösen. Bei Hot Spots, die integraler Bestandteil der Anwendungslandschaft eines Unternehmens sind, müssen andere Sicherheitsmechanismen, so wie sie bereits weiter oben diskutiert worden sind, greifen. Dazu gehören u. a.:

- Zulassung nur von registrierten Endgeräten
- Sicherheitsupdates der entsprechenden Treiber auf dem aktuellen Stand
- Nutzung von Gerätemanagern mit entsprechenden Gruppenrichtlinien
- Einsatz von entsprechenden Authentisierungsmechanismen.

3.9.6.2 Mobile Hot Spots

Wenn man nicht auf die Versorgung von Hot Spots fremder Anbieter angewiesen sein will, kann man das durch einen mobilen Hot Spot kompensieren, indem man selber einen mit sich führt. Dahinter verbirgt sich die Möglichkeit, in einem beschränkten Umkreis eine WLAN-Umgebung aufzubauen, an der weitere Personen mit ihren Geräten teilnehmen können. Das kann für Meetings oder Arbeitsgruppen nützlich sein.

Mobile Hot Spots erfüllen ähnliche Aufgaben wie Router, sind aber erheblich kleiner. Sie verfügen über einen Micro-USB-Anschluss und haben etwa die Größe einer Zigarettenschachtel und wiegen nicht mehr als etwa 100 g. Alle üblichen Endgeräte (Smartphones, Laptops etc.) können über diese Hot Spots kommunizieren. Vertrieben werden die Hot Spots von den großen Mobilfunkanbietern wie Vodafone oder T-Mobile. Die Übertragungsgeschwindigkeiten variieren zwischen 5.76 und 50 Mbit/s. Als WLAN-Standard wird der 801.11g eingesetzt. Auch diese Geräte sind vorkonfiguriert mit einer SSID und eine Passwort. Beide sollte unmittelbar vor dem ersten Einsatz geändert werden.

Die Gefahren, die mit der Nutzung von mobilen Hot Spots verbunden sind, werden – im Vergleich zu denen bei üblicher WLAN-Nutzung oder Hot Spots anderer Anbieter – noch dadurch potenziert, dass durch die Proliferation von solchen mobilen Hot Spots natürlich Überschneidungen mit Funknetzen entstehen können, die sich gleichfalls in der Nähe des eigenen Netzes aufhalten, und dadurch weitere Zugangsmöglichkeiten, die von solchen peripheren Netzen ausgehen, erschlossen werden für Hacker und Spionen mit den üblichen Zielen.

Es besteht die Möglichkeit, dass solche offenen Strukturen dazu genutzt werden können, Datenverkehr zu überwachen und zu manipulieren. Die Ziele und Auswirkungen sind bereits weiter oben allgemein erläutert worden und werden an dieser Stelle nicht noch einmal wiederholt. Selbst, wenn man keinen eigenen mobilen Hot Spot betreibt, kann ein solcher für Angriffe z. B. auf ein Smartphone in der Nähe (z. B. in einem Hotel oder Flughafen) von einem anderen mobilen Hot Spot ausgehen. Es ist daher eine Reihe von zusätzlichen Vorsichtsmaßnahmen zu beachten:

- Deaktivierung der automatischen Anmeldung an bekannte WLAN-Hot Spots
- Grundsätzliche Deaktivierung der WLAN-Schnittstelle des Endgerätes, wenn kein WLAN-Zugang angestrebt wird.
- Deaktivierung von Datei- und Verzeichnisfreigaben

3.9.7 Netzwechsel

Dynamischer Wechsel von einem Netz in ein anderes wird als Roaming bezeichnet. Jedem, der schon einmal sein Mobiltelefon ins Ausland mitgenommen hat, ist dieser Vorgang bekannt. Der Übergang sollte unbemerkt geschehen, allerdings können dadurch eventuell höhere Kosten entstehen.

Diese Möglichkeiten gibt es auch bei Infrastrukturnetzwerken. Roaming findet dann statt, wenn ein User mit seinem Endgerät die Empfangsbereiche von Access Points wechselt. Auch hierbei sollte der Nutzer den Übergang nicht bemerken, und Datenverluste sollten nicht vorkommen.

Dadurch, dass Access Points kontinuierlich ihre Beacon Frames aussenden, um auf ihre Existenz aufmerksam zu machen, wird auch das Roaming erst ermöglicht. Andererseits hören die einzelnen Stationen in einem WLAN ihre Umgebung ständig nach verfügbaren Übertragungskanälen ab – außer sie sind auf eine ganz bestimmte SSID konfiguriert. Die Auswahl, an welchem Access Points eine Station sich andockt, wird über die Signalstärke getroffen. Beim Bewegen im Netz beispielsweise eines Laptops wird die Access Point Verbindung dann gewechselt, wenn die ursprüngliche Verbindung schwächer wird gegenüber einer neuen möglichen Verbindung mit einem anderen Access Point. Das geschieht unbemerkt vom User. Die Datenübertragung wird ebenfalls nicht gestört.

Das oben Gesagte ist also Voraussetzung für den Betrieb flächendeckender Netze z. B. in Kongresszentren oder auf Messegeländen, aber auch in weit verzweigten Unternehmen. Beim Wechsel des Standorts bleibt man trotzdem im Netz. In der Praxis bedeutet das aber auch, dass entsprechend 802.11 auf der physikalischen Ebene mit getrennten Kanälen gearbeitet werden muss. Gelegentliche Probleme lassen sich dabei nicht immer ausschließen.

Die Anzahl nutzbarer Kanäle ist natürlich nicht unbegrenzt. Um Störungen auszuschließen, wenn Kanäle wieder verwendet werden sollen, sobald Funkzellen ausreichend weit voneinander entfernt sind, wird das SDMA-Verfahren (Spatial Division Multiple Access) eingesetzt.

Wie oben bereits angedeutet, spielt zukünftig das Roaming auch im Hot Spot-Konzept eine wachsende Rolle. Für eine Hotzone meldet man sich nur einmal an und wandert dann beliebig von einem Hot Spot zum nächsten – bis man endgültig aus allen Zonen heraus ist.

Damit diese Vision sich auch tatsächlich realisieren lässt, ist eine Vereinheitlichung der Zugangsverfahren erforderlich. Es gibt Tools, die eine Vereinfachung des Suchens und der Verbindungsverwaltung von Hot Spots ermöglichen, beispielsweise WPS (Wireless Provisioning Service) von Windows. Das integrierte Abrechnungssystem erfordert allerdings eine Authentifizierung über einen RADIUS-Server.

3.10 Sicherheitsaspekte bei WLANs

Um illegalen Zugang zu WLANs zu erhalten, muss ein Angreifer zunächst einmal wissen, wo sich ein WLAN befindet. Je ungeschützter ein WLAN ist, desto leichter wird ihm das fallen. Solche Netzwerke schicken beständig ihre Beacon-Frames in die Welt und machen so auf ihre Existenz aufmerksam. Ein sogenannter Wardriver, jemand, der Stadtviertel – häufig per Auto – danach absucht, wird schnell fündig. Alles was er braucht, ist eine Antenne. Verfügt er darüber hinaus über ein Notebook oder ein Smartphone, kann er ziemlich schnell auch die Namen der Access Points herausfinden. Jetzt steht ihm die Möglichkeit offen, die Kommunikation zu protokollieren, um daraus durch geschickte Analyse Rückschlüsse auf die Teilnehmer und Passwörter zu erhalten.

Es gibt mittlerweile ausreichend Tools im Internet zum herunterladend, mit denen man Netzstatistiken auswerten kann. Generell lässt der Schutz von WLANs sehr zu wünschen übrig. Man kann davon ausgehen, dass das für die Mehrzahl der Netze der Fall ist, sodass Eindringlinge ohne Probleme bis in die Funkzellen vordringen können.

3.10.1 Verschlüsselung knacken

Verschlüsselungen sind ein erster Schritt in die richtige Richtung, um WLANs sicherer zu machen. Man sollte aber nicht meinen, dass dadurch schon alle Sicherheitsprobleme gelöst wären. Auch verschlüsselte Daten können protokolliert werden. Um die Schlüssel zu knacken, bedarf es allerdings einer entsprechenden Masse von Daten und entsprechender statistischer Analysewerkzeuge. WEP-Schlüssel lassen sich auf Basis von Datenmitschnitten von einigen Stunden ermitteln. Das war für die erste Generation des Standards der Fall. Schon bald waren entsprechende Tools im Internet verfügbar.

Der Schutz eines WLANs auf einer bestimmten Stufe reicht für hartnäckige Angreifer häufig nicht aus. Die unmittelbare Folge wird zunächst der Versuch sein, mit mächtigeren Tools die Absicht dennoch zu erreichen. Deshalb ist eine frühzeitige Entdeckung und damit kontinuierliche Beobachtung notwendig.

Ein weiteres Szenario ist im Vortäuschen einer legitimen Benutzeridentität zu finden. Dazu muss dem WLAN eine zugelassene Netzwerkadresse vorgetäuscht werden, um so Zugang zu erhalten.

Die vielen Möglichkeiten, in ein mehr oder weniger schlecht geschütztes WLAN einzudringen, rufen nach Gegenmaßnahmen. Diese leiten sich natürlich von den Schwachstellen selbst her ab. So kann man genau die Techniken zum Einsatz bringen, mit denen Angreifer es auch versuchen, um die Sicherheit seines eigenen Netzwerks auszuloten. Dazu muss man ein Dummy-Netzwerk aufbauen, dass den realen Gegebenheiten entspricht, aber dessen Schwachstellen absichtlich offen gelassen wurden. Das Dummy-Netz kann auch ein Teilnetz sein, gegen das das reale Netz entsprechend abgeschottet ist. Über dieses Einfallstor, das gesondert überwacht wird, lassen sich Angriffsversuche feststellen – spätestens bei der Analyse von Logdateien.

3.10.2 Authentifizierung

Es liegt in der Natur drahtloser Kommunikation, dass sie erheblich anfälliger gegen Netzattacken und Spionage ist als etwa drahtgebundene Systeme, die feste Verbindungen aufweisen. Deshalb bedürfen sie besonderer Sicherheitsmaßnahmen, die bereits auf der Ebene der Authentifizierung beginnen. Das ganze findet auf der MAC-Schicht statt, und die IEEE hat in ihren 802.11 Standards entsprechende Vorgaben dafür gemacht. Eine Authentifizierung ist unerlässlich, bevor eine Station zum Verkehr in ein WLAN zugelassen wird. Sie muss sich sozusagen als Mitglied der Netz-Community ausweisen. Es gibt nun zwei Arten für eine solche Authentifizierung:

- Open System und
- Shared Key.

3.10.2.1 Die Open System Variante

Der Default ist das Open System Verfahren. Es handelt sich dabei aber in Wirklichkeit gar nicht um ein echtes Authentifizierungsverfahren. Deshalb spricht man bei ihm auch von der „null authentication". Denn eine Station, die auf diese Methode hin konfiguriert ist, kann sich gegenüber jeder anderen Station, die im gleichen Modus betrieben wird, genauso authentifizieren und umgekehrt. Dabei handelt es sich um ein zweistufiges Verfahren:

- Anforderung und
- Bestätigung.

Erst nach erfolgter Bestätigung kann im WLAN gearbeitet werden. In einem System, in dem alle Stationen in diesem Modus operieren, kann jemand mit einem Laptop sich mit allen anderen Netzwerken austauschen, wenn keine Verschlüsselung vorliegt.

3.10.2.2 Das Shared Key Verfahren

Shared Key ist Teil des WEP-Verfahrens (s. u. Wired Equivalent Privacy). Insofern muss WEP im Einsatz sein, damit es funktioniert. Bei dieser Methode wird ein gemeinsamer Schlüssel zwischen Access Point und beteiligter Station vorhanden sein. Im Zuge des Austausches eines Testpieces muss die Station zunächst dem Access Point diesen Schlüssel mitteilen. Das Verfahren im Detail sieht so aus:

- Authentifizierungsanfrage der sendenden Station an Acces Point unter Bekanntgabe der eigenen MAC-Adresse, einer AAI (Authentication Algorithm Identification) = 1 für Shared Key und einer Sequenznummer zur weiteren Steuerung der folgenden Authentifizierungsschritte.
- Antwort des Access Points mit derselben AAI, Sequenznummer + 1, einer Zufallszahl von 128 Bytes Länge.
- Neue Sequenznummer + 1 Verschlüsselung aller drei Daten durch den Access Point unter Verwendung des gemeinsamen Schlüssels durch die Station und Rücksendung an den Access Point.

- Prüfung durch den Access Point durch Entschlüsselung, ob der gemeinsame Schlüssel stimmt.
- Bestätigung durch den Access Point.
- Zugang der Station zum Netzwerk.

Dieses Verfahren ermöglicht also den Zugang zum Netzwerk für Teilnehmer, die sich auf diese Weise authentifizieren können.

3.10.2.3 Das Wired Equivalent Privacy – (WEP) Verfahren

Die Architekten vom Standard 802.11 waren sich von Anbeginn an über die besonderen Sicherheitsbedürfnisse von Funknetzen im Klaren. Deshalb wurde auch sofort an eine mögliche Sicherheitsarchitektur gedacht. Diese erste Sicherheitsarchitektur wurde unter der Bezeichnung Wired Equivalent Privacy (WEP) eingebracht. Hierbei handelt es sich um ein so genanntes symmetrisches Verschlüsselungsverfahren gegen unbefugte Attacken. Es gibt einen geheimen Schlüssel, der nur dem Access Point und seinen zugehörigen Stationen bekannt ist. Der Standard führt allerdings nicht aus, wie das im Detail erfolgen soll. Das bedeutet, dass in einem WLAN überall nur ein gemeinsamer Schlüssel verwendet wird. Abb. 3.17 zeigt das WEP-Verfahrung im Grundschema.

Es gibt zwei Möglichkeiten, WEP einzusetzen:

- zur Verschlüsselung von Datenpaketen oder
- in Kombination mit der Shared Key Authentifizierung.

Im ersten Fall erfolgt der Einsatz wie oben beschrieben:

Abb. 3.17 Das WEP-Verfahren

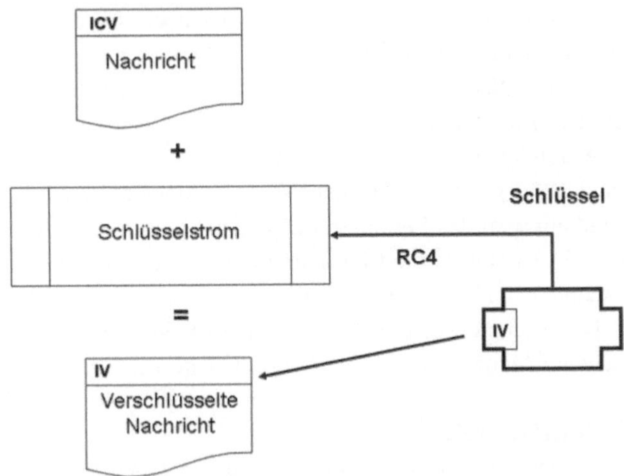

- Verschlüsselung der Daten durch den Sender
- Entschlüsselung durch den Empfänger mit demselben Schlüssel.

Die Schwächen von WEP sind schon bald nach den ersten Implementierungen offenbar geworden. Es ist auf keinen Fall geeignet, energischen Angreifern standzuhalten. Es gibt Computerprogramme, die Datenpakete auswerten, um an den WEP-Schlüssel heranzukommen. Die Schwachstellen von WEP haben mehrere Ursachen.

Verschlüsselungsverfahren

Eine der Ursachen für die WEP-Schwachstellen liegt im Verschlüsselungsverfahren selbst begründet. Die verwendeten Schlüssellängen betragen nach 802.11 64 oder 128 Bit. Davon sind allein schon 24 Bit vorbelegt, sodass nur noch 40 bzw. 104 Bit für den User zur Auswahl stehen. Deshalb spricht man auch von einer 40. bzw. 104-Bit-Verschlüsselung.

Im Falle einer frei verfügbaren Länge von nur 40 Bit können insgesamt vier Schlüssel festgelegt werden, die aus jeweils fünf Gruppen in hexadezimaler Schreibweise bestehen. Man kann diese Werte entweder manuell eingeben oder automatisch erzeugen lassen. Bei automatisierter Erzeugung ist das Verfahren zusätzlich durch ein Passwort geschützt.

Für die WEP-Verschlüsselung kommt der RC4-Algorithmus (Rivest Cipher No. 4 nach dem Erfinder Ron Rivest) zum Tragen durch eine so genannte Stromchiffre. Dabei wird durch einen Zufallsgenerator aus einem geheimen Schlüssel mit fester Länge ein Strom von weiteren Schlüsseln erzeugt.

Ein 24 Bit ebenfalls zufälliger Initialisierungsvektor (IV) und die 40 bzw. 104 Bits für den Access Pointe setzen sich zu dem geheimen Schlüssel zusammen. Außerdem wird vor Versendung der Userdaten in einer Nachricht noch eine CRC-Prüfsumme von 32 Bit Länge generiert und als ICV (Integrity Check Value) an die Daten gehängt. Der zu generierende Schlüsselstrom muss nun die gleiche Länge wie das so erweiterte Userdatenpaket haben. Die Nachrichtenlänge nach dem 802.11 Standard darf 2304 Byte nicht überschreiten: Das schränkt auch die Größe des Frame Bodies unter WEP auf 2312 Bytes ein.

Anschließend erfolgt die Verknüpfung von Schlüsselstrom und Userdaten. Das geschieht durch XOR-Operationen. Unter Voranstellung des IV wird das Ganze dann verschickt. Beim Empfang wird das Verfahren umgekehrt, sodass der unverschlüsselte Dateninhalt sichtbar wird. Danach wird die Checksumme nochmals erzeugt und mit dem ursprünglichen Wert abgeglichen. Nur wenn beide übereinstimmen, wird das Datenpaket übernommen.

Die gesamte Verschlüsselung im WEP-Verfahren bezieht sich nur auf die Userdaten, nicht auf Management- oder Steuerungsinformationen.

Schlüsselverwaltung

WEP kennt keine echte Schlüsselverwaltung. D. H. dass für alle Komponenten in einem Netzwerk nur ein einziger Schlüssel zum Einsatz kommt. Wegen der vielen Beteiligten gibt es Widerstände, diesen Schlüssel regelmäßig zu wechseln. Wird einem Gastuser dieser Schlüssel mitgeteilt, damit er arbeiten kann, so geht diese Information zwangsläufig nach außen. Adapterschlüssel sind manchmal auch über den Hersteller abzufragen. Da es sich um nur einen einzigen Schlüssel handelt, steht und fällt die Sicherheit des gesamten Netzwerkes mit ihm

Trotz all dieser bekannten Schwächen werden von vielen Herstellern nach wie vor nur Komponenten mit WEP-Sicherheit auf den Markt gebracht. Bei der Verwendung von WEP sollte man die Schwächen dadurch zu kompensieren helfen, dass man wenigstens den Schlüssel regelmäßig wechselt.

Problem Schlüssellänge

Ein weiteres gravierendes Problem bei WEP besteht in der Länge der Schlüssel. Mit nur 64 Bit sind sie viel zu kurz, um entschlossenen Angriffen zu trotzen. Selbst mit relativ einfachen Computerprogrammen lassen sich über Kombinatorik abgehörte Daten so analysieren, dass ein solcher Schlüssel entziffert wird. Bestehen die Schlüssel zudem nur aus reinen ASCII-Zeichen in hexadezimaler Schreibweise, so wie sie manche Hersteller ausliefern, wird es den Hackern noch einfacher gemacht. Neuere Lösungen mit Schlüssellängen von 128 Bit sind allerdings mit einfachen Methoden nicht mehr leicht zu knacken.

Initialisierungsvektor

Die Liste der WEP-Schwachstellen wird erweitert durch den Initialisierungsvektor, der ebenfalls zu kurz ist: 24 Bit. Diesen Vektor generiert der Sender. Der 802.11 Standard sieht vor, dass er spezifisch für jedes Datenpaket erzeugt wird. Jedenfalls wird erwartet, dass die Komponenten mit dieser Möglichkeit ausgestattet sind. Nicht alle Hersteller befolgen diese Vorgabe, sodass der Initialisierungsvektor nach wie vor eine bekannte Schwachstelle darstellt.

Damit die Verfahren über Stromchiffren erfolgreich und damit sicher arbeiten, muss vorausgesetzt werden, dass der erzeugte Bitstrom sich zwischen je zwei Datenpaketen unterscheidet. Bei 24 Bit können maximal 1024 Schlüssel generiert werden. Auch bei einer zufälligen Erzeugung von Schlüsseln besteht eine endliche Wahrscheinlichkeit, dass beim Versand einer bestimmten Anzahl von Datenpaketen ein bereits vergebener Schlüssel wieder erscheint.

Findet aber ein Angreifer denselben Schlüssel in zwei unterschiedlichen Datenpaketen, kann er durch logische Operationen auf die verschlüsselten Daten eine Entschlüsselung erzielen. Er hat dann die Möglichkeit, selbst Datenpakete zu platzieren, bis der Schlüssel wieder gewechselt wird.

Unzureichende Authentifizierung

Selbst die oben erwähnten Authentifizierungsprotokolle sind vor Entschlüsselung nicht sicher. Der Grund liegt darin, dass sowohl für die Authentifizierung als auch für die Userdaten derselbe Schlüssel eingesetzt wird. Außerdem braucht ein Access Point seine eigene Identität gegenüber einer Station nicht nachzuweisen – im Gegensatz zur Station ihm gegenüber. Das eröffnet die Möglichkeit, mit vorgetäuschten Access Points Zugang zum Netz zu gewinnen.

3.10.2.4 WEP als Minimalschutz

Die Schwachstellen von WEP sind ausreichend dargestellt worden. Soll man nun ganz auf WEP verzichten? – Sind keine besseren Schutzmöglichkeiten vorhanden, kann selbstverständlich auf WEP zurückgegriffen werden. Eine Möglichkeit, dort etwas zu verbessern, liegt in der Wechselstrategie für Schlüssel. Das macht es für einen Angreifer zumindest mühsamer. Erhebungen zeigen, dass selbst WEP nicht allzu häufig genutzt wird, da der Standard das nicht zwingend vorschreibt.

Nachweisen lassen sich die ganzen Schwächen eines WEP-geschützten WLANs durch die Erfolge der Wardriver, die über ihre Endgeräte Zugang gewinnen können. Die kostenlose Mitbenutzung von Internetzugängen ist dabei ein Ziel, andere sind im Ausspionieren und der Manipulation fremder Daten zu suchen.

3.10.2.5 WPA

Um die Schwächen von WEP zu kompensieren, wurden proprietäre Verfahren entwickelt, um bessere Sicherheitsmechanismen zu implementieren, etwa WEPplus oder Fast Packet Keying. Erfolgreich war die WPA-Prozedur (Wi-Fi Protected Access) der Wi-Fi-Alliance, die seit 2002 verfügbar wurde.

TKIP Verfahren

TKIP (Temporal Key Integrity Protocol) wurde nachträglich für den Standard 802.11i definiert. Es kam allerdings vorher bereits für WPA zum Einsatz. Statt eines stationären Schlüssels wird mit einem temporären gearbeitet. Die RC4-Prozedur wurde allerdings beibehalten, um Kompatibilität zu erreichen. Insofern ist TKIP eine Verbesserung von WEP mit

- einem erweiterten Initialisierungsvektor
- einer dynamischen Schlüsselgenerierung
- dem kryptografischen Message Integrity Check (MIC).

3.11 Checkliste – WLAN

In der folgenden Tab. 3.2 werden alle sicherheitsrelevanten Aspekte beim Einrichten und dem Betrieb eines WLANs aufgeführt:

Tab. 3.2 Checkliste WLAN-Sicherheit

Möchten Sie ein WLAN einrichten und betreiben?	Bei der Einrichtung und dem Betrieb eines drahtlosen Netzes sind gegenüber einem drahtgebundenen Netz zusätzliche Sicherheitsanforderungen zu beachten.
Planen Sie ein WLAN in einem größeren Unternehmen?	WLAN in einer größeren Organisation sollte eingebunden sein in die gesamte IT-Strategie inklusive der IT-Sicherheitsstrategie.
Möchten Sie ein kleines oder privates Netz einrichten?	Die technischen Anforderungen sind grundsätzlich die gleichen wie in Unternehmen, wenngleich die formalen Aspekte des IT-Sicherheitsmanagements weitgehend entfallen.
Existiert ein IT-Sicherheitsmanagement in Ihrem Unternehmen?	Das IT-Sicherheitsmanagement befasst sich mit allen Sicherheitsaspekten beim Aufbau und dem Betrieb von IT-Installationen.
Sind die Belange Ihres IT-Sicherheitsmanagements dokumentiert?	Voraussetzung für ein wirkungsvolles IT-Sicherheitsmanagement ist eine entsprechende Dokumentation.
Werden im Zuge Ihres Sicherheitsmanagements die gängigen IT-Normen berücksichtigt?	Beim WLAN sind insbesondere die Empfehlungen des BSI sowie die Norm ISO 17799 zu berücksichtigen.
Sind Ihre IT-Sicherheitskriterien dokumentiert?	Sicherheit wird nach Kriterien wie Vertraulichkeit, Verfügbarkeit, Integrität u. a. spezifiziert.
Erfolgt nach IT-Sicherheitsschulungen eine unterschriebene Erklärung der Beteiligten?	Die Teilnahme an einer Sicherheitsschulung sollte im Interesse aller Beteiligten dokumentiert werden.
	Unterschriften haben neben ihrer rechtlichen auch eine höhere organisatorische Verbindlichkeit.
Wird die Einhaltung der Sicherheitsvorschriften regelmäßig kontrolliert?	Zur Kontrolle der Einhaltung der Sicherheitsrichtlinien sollte ein Maßnahmenplan erstellt werden.
Ist die WLAN-Nutzung als Teil des IT-Sicherheitsmanagement dokumentiert?	Ein WLAN kann ein erhebliches Sicherheitsrisiko beinhalten und muss deshalb integraler Bestandteil der gesamten IT-Strategie sein.
Ist die WLAN-Nutzung in Ihrem Unternehmen geregelt gegenüber Wildwuchs?	Häufig gehen WLAN-Initiativen von fortgeschrittenen Usern aus, die in ein Gesamtkonzept einzubinden sind.
	Nicht-autorisierte Nutzung hausinterne Netze über WLAN-Anschlüsse bietet ein unkontroliertes Einfallstor für externe Angriffe.
Ist festgelegt, welche Informationen über WLAN weitergegeben werden dürfen?	Je nach Geheimhaltungsstufe unterliegen bestimmte Unternehmensdaten unterschiedlichen Sicherheitsklassen.

Tab. 3.2 (Fortsetzung)

	Die Weitergabe von sensiblen Daten über WLAN sollte nur verschlüsselt erfolgen.
Gibt es eine WLAN-Benutzerrichtlinie?	Die WLAN-Benutzerrichtlinie ist Teil der IT-Sicherheitsdokumentation.
	Fehlende Richtlinien zur WLAN-Nutzung führen zu unkontrollierbarem Wildwuchs in einer Organisation.
Sind die Rahmenbedingungen bekannt, unter denen Anmeldungen an externen und internen WLANs erfolgen dürfen?	Zu den Rahmenbedingungen gehören Schulung, Verpflichtung auf unternehmensinterne Sicherheitsstandards, Nutzung von Hot Spots u. a.
	Ungeregelte WLAN-Zugänge unterlaufen die Einhaltung organisationsinterner Sicherheitsstandards.
Gibt es WLAN-Richtlinien für System-Administratoren?	Diese Richtlinien legen insbesondere die Vorgaben für Konfiguration und Betrieb von WLAN-Komponenten fest.
Sind Unterlagen für WLAN-Schulungen vorhanden?	Die Schulungsunterlagen sollten neben den technischen Aspekten insbesondere die Sicherheitsanforderungen enthalten.
Werden Administratoren und Benutzer bezüglich der WLAN-Sicherheit geschult?	Wegen des erhöhten Sicherheitsrisikos bei der WLAN-Nutzung ist eine detaillierte Kenntnis der wesentlichen Schwachpunkte von elementarer Bedeutung.
Sind WLAN-Komponenten Teil des Datensicherungskonzeptes?	Das Datensicherungskonzept ist Teil der gesamten dokumentierten IT-Sicherheitsstrategie sowie des Betriebshandbuchs.
	WLAN-Komponenten sollten eine gesonderte Berücksichtigung bei der Datensicherungsstrategie erfahren.
Werden die Daten auf WLAN-Komponenten bei der allgemeinen Datensicherung mitberücksichtigt?	Auf WLAN-Komponenten finden sich neben den reinen betriebswirtschaftlichen Daten auch alle für den Betrieb notwendigen Konfigurationsdaten.
Wird die WLAN-Sicherheitsrichtlinie regelmäßig revidiert?	Die regelmäßige Revision von IT-Sicherheitsrichtlinien, insbesondere solche für WLANs, ist Teil des organisationsinternen Sicherheitsprozesses.
	Der Stand der Technik bzgl. Standards und Komponenten für WLANs ändert sich sehr schnell, sodass eine Richtlinie ständig a jour gehalten werden muss.

Tab. 3.2 (Fortsetzung)

Wurde ein Notfallplan für Sicherheitsvorfälle entwickelt?	Sicherheitsvorfälle betreffen Angriffe ins WLAN oder ins LAN über das WLAN mit dem Ziel, Daten auszuspionieren, zu deponieren, zu verfälschen oder zu löschen, sowie Diebstahl von WLAN-Komponenten.
	Je nach Art des Sicherheitsvorfalls sollte ein Standardprozess als spezifische Reaktion auf diesen angestoßen werden.
Sind Notfallplan und Fehlerbehandlung Teile der WLAN-Schulungen?	Unterschiedliche Sicherheitsvorfälle bedürfen angepasster Reaktionen, die möglichst als Prozess dokumentiert werden sollten: technische Sofortmaßnahmen, Dokumentation, Meldewege, strategische Gegensteuerung etc.
Hat Ihr Unternehmen ein eigenständiges Konfigurationsmanagement?	Nur das Konfigurationsmanagement für WLANs sollte die Komponenten nach den im Unternehmen vorgegebenen Standards einrichten dürfen unter Beachtung der Sicherheitsrichtlinien.
Sind die einzusetzenden WLAN-Standards festgelegt?	Auf dem Markt werden unterschiedliche Standards angeboten: z. B. IEEE 802.11, 11b, 11g für das 2,4 GHz-Band; 11a, 11h für das 5 GHz Band. Im Unternehmen sollte ein einheitlicher Standard verwendet werden.
Haben Sie eine Standardkonfiguration entwickelt?	Zur effizienten Betreuung der WLAN-Komponenten sollten Standardkonfigurationen gemäß der Sicherheitsrichtlinie entwickelt werden.
Erfolgt die Konfiguration über den drahtlosen Weg?	WLAN-Komponenten können sowohl drahtgebunden als auch drahtlos konfiguriert werden.
	Die Konfiguration sollte möglichst nicht drahtlos erfolgen, um ein Ausspähen von Passphrasen und Schlüsseln zu verhindern; auf jeden Fall sollte die Konfigurationsverbindung verschlüsselt sein.
Wird das Standardpasswort des Herstellers bei Routern routinemäßig und unmittelbar gewechselt?	Router sind in der Regel mit einem vom Hersteller vergebenen Passwort versehen.
	Mitgelieferte Standardpasswörter lassen sich problemlos über das Internet ermitteln und sollten daher als erste Konfigurationsmaßnahme gewechselt werden.
Verwenden Sie eine individuelle SSID?	SSIDs sollten sofort von der Standardeinstellung des Lieferanten gewechselt werden.

Tab. 3.2 (Fortsetzung)

Erlaubt der SSID-Name Rückschlüsse über den Verwender?	Sprechende Namen ermöglichen Hinweise auf den Nutzungsbereich und damit auf das Datenmaterial.
	Der SSID-Name darf keine Rückschlüsse auf seine Verwendung enthalten, damit kein zusätzlicher Anreiz zum Ausspähen gegeben wird.
Unterdrücken Sie die Ausstrahlung der SSID?	Die Ausstrahlung der SSID teilt der Umgebung mit, dass ein WLAN in Betrieb ist.
	Wardriving nennt man das Ausspähen aktiver WLANs mit dem Vorsatz, dort einzudringen. Das wird durch den SSID Broadcast erleichtert.
Wird Ihre Funkstrecke verschlüsselt?	Die Verschlüsselung der Funkstrecke gehört zu den grundlegenden Maßnahmen der Absicherung gegen Angriffe von außen.
	Authentisierungsdaten und vertrauliche Informationen sollten grundsätzlich nur verschlüsselt übertragen werden.
Wird die Funkschnittstelle regelmäßig mit Analysewerkzeugen überwacht?	Analysewerkzeuge ermöglichen die Entdeckung von erfolgten oder versuchten nicht autorisierten Zugriffen auf das WLAN.
Ist der Zugang zu Netzwerken generell geregelt?	Zugänge zu WLANs und angebundenen LANs sollten über revisionssichere Prozesse geregelt sein.
	Ungeregelte Zugänge und Kopplungen entziehen sich den organisatorischen Maßnahmen des IT-Sicherheitsmanagements.
Beschränken Sie Ihre Sendeleistung auf das Notwendigste?	Einerseits ist eine gewisse Sendeleistung zum Betrieb erforderlich, andererseits kann dadurch auch ein Sicherheitsrisiko entstehen.
	Die Beschränkung der Sendeleistung verhindert ein großflächiges Ausstrahlen und damit Erkennen über die Grenzen des Unternehmens hinaus, dass ein WLAN betrieben wird.
Nutzen Sie die Access Control List (ACL) beim Einsatz von RADIUS-Servern?	Die Nutzung des Standards IEEE 802.1x ermöglichte eine zusätzliche Authentifizierung von Nutzern über eine Access Control List (ACL); die Authentifizierung wird über einen zentral steuernden RADIUS-Server geroutet.
Ist festgelegt, an welchen Lokalitäten WLAN-Komponenten eingesetzt werden dürfen?	Die geografische Platzierung der WLAN-Komponenten entscheidet über Ausstrahlung nach außen und die Verhinderung möglicher Funklöcher.

Tab. 3.2 (Fortsetzung)

	WLAN-Komponenten können durch andere technische Geräte, die Funkwellen ausstrahlen gestört werden, sodass sie nicht in deren Nähe betrieben werden sollten.
Wird der Ad-hoc-Modus immer abgeschaltet?	Der Ad-hoc-Modus ermöglicht den Aufbau eines spontanen WLANs durch Client-zu-Client-Kommunikation.
	Bei eingeschaltetem Ad-hoc-Modus können nicht-autorisierte Clients direkt auf das WLAN zugreifen.
Wird, falls vorhanden, der Dynamic Host Configuration Protocol (DHCP)-Server abgeschaltet?	DHCP-Server vergeben automatisch IP-Adressen für das gesamte Netzwerk.
	DHCP-Server können Einfallstore für Angriffe sein, da sie im ungünstigen Falle einem Eindringling eine gültige IP-Adresse zuweisen.
Werden die benutzen Frequenzkanäle überlappungsfrei ausgewählt?	Zu eng beieinander liegende Frequenzkanäle können zu Interferenzen führen.
	Interferenzen lassen sich vermeiden, wenn jeweils nur die Kanäle benutzt werden, die weit genug voneinander entfernt liegen, also eine möglichst große Kanaltrennung aufweisen.
Wird Ihr Netz auf Funklöcher überprüft?	Funklöcher können entstehen durch Störungen von anderen elektromagnetischen Wellen, eine unzureichende geografische Anordnung, unvorteilhaft ausgerichtete Antennen, nicht ausreichende Sendeleistung.
	Analysewerkzeuge ermöglichen die Entdeckung von Funklöchern, die ansonsten den Benutzern als Störungen auffallen würden.
Werden WLAN-Geräte bei längeren Nutzungspausen abgeschaltet?	Um unnötigen Broadcast zu vermeiden, sollten nicht genutzte WLAN-Komponenten ausgeschaltet werden.
	Der Broadcast gibt externen Ausspähern und Wardrivern den Hinweis auf den Betrieb eines WLANs.
Nutzen Sie die WEP-Verschlüsselungsmöglichkeit?	Die WEP-Verschlüsselungsmethode ist ein symmetrisches Verfahren, bei dem Access Points und Clients einen gemeinsamen Schlüssel verwenden.
	Die WEP-Verschlüsselungsmethode gilt allgemein als unsicher, ist aber dennoch einem völlig unverschlüsselten Zustand vorzuziehen.

Tab. 3.2 (Fortsetzung)

Verwenden Sie die WAP-Verschlüsselungsmöglichkeit?	Die Möglichkeiten im WAP-Verfahren haben Eingang in IEEE 802.11n gefunden und sind heute Stand der Technik- wenn im Einsatz, sollten sie für alle Netzkomponenten möglich sein.
	Für größere Netze sollte zusätzlich ein RA-DIUS-Server mit einer Access-Control-List-Verwaltung eingesetzt werden.
Wird bei Ihnen nach dem IEEE 802.1x Standard verfahren?	Der IEEE 802.1X ist ein Rahmenstandard, der Verschlüsselungsverfahren festlegt. Die Umsetzung erfordert einen RADIUS-Server.
Legen Sie besondere Aufmerksamkeit auf die Verhinderung schwacher Passphrasen?	Die Sicherheit von Passphrasen hängt von ihrer Länge und Zeichenkombination ab.
	Schwache Passphrasen sind kurze Wörter, die lediglich aus Buchstaben bestehen und möglicherweise in Wörterbüchern zu finden sind.
Verwenden Sie Authentisierungsverfahren auf Gegenseitigkeit?	Bei diesen Verfahren tauschen Clients und Server Informationen aus, um sich gegenseitig zu authentifizieren (IEEE 802.1x).
Nutzen Sie das Pre-Shared Key-Verfahren?	Im PSK-Verfahren wird bei jedem Nutzerzyklus ein neuer Schlüssel zwischen Client und Access Point ermittelt.
Nutzen Sie das WEP-Verfahren in Bereichen mit vertraulichen Informationen?	Die WEP-Verschlüsselungsmethode ist ein symmetrisches Verfahren, bei dem Access Points und Clients einen gemeinsamen Schlüssel verwenden.
	Die WEP-Verschlüsselungsmethode gilt allgemein als unsicher und ist deshalb nicht für vertrauliche Informationen geeignet.
Ist bei Ihnen WAP2 im Einsatz?	WAP2 bezeichnet den Standard IEEE 802.11i, bei dem als Weiterentwicklung von WAP der Advance Encryption Standard (AES) zum Einsatz kommt.
Werden die Verschlüsselungsmöglichkeiten bei der Beschaffung neuer Komponenten geprüft?	Bei der Auswahl sollte darauf geachtet werden, dass die Komponenten dem Höchststandard des Netzes entsprechen.
Werden kryptografische Schlüssel regelmäßig gewechselt?	Um systematisches Ausspähen zu verhindern, sollten die Schlüssel regelmäßig gewechselt werden.
	Für den Schlüsselwechsel sollte ein zeitlicher Plan vorliegen. Der Wechsel sollte im Monatsrhythmus, allerhöchstens im Vierteljahresrhythmus erfolgen.

Tab. 3.2 (Fortsetzung)

Hat Ihr Unternehmen ein eigenständiges Datenschutzmanagement?	Das Datenschutzmanagement kümmert sich um die Integrität, Vertraulichkeit, Verfügbarkeit und Zugriffssicherheit aller Datenbestände im Unternehmen.
Werden vertrauliche Daten auf mobilen Geräten verschlüsselt?	Durch den Einsatz transportabler Endgeräte wird häufig auch eine gewissen dezentrale Datenhaltung erforderlich.
	Mobile Geräte unterliegen einem höheren Diebstahls- und Verlustrisiko. Sollten Sie vertrauliche Daten lokal speichern, ist deren Verschlüsselung zu empfehlen.
Ist festgelegt, mit welchen internen und externen Netzen Kopplungen erfolgen dürfen?	WLANs bieten unter Umständen ein Einfallstor zu angeschlossenen drahtgebundenen Netzen.
Wird das WLAN an ein LAN gekoppelt?	In einem Verbund WLAN-LAN ist das WLAN das schwächste Glied gegenüber externen Angriffen.
Verwenden Sie Sicherheitsgateways bei Zugriffen aus dem WLAN auf Ihr LAN?	Generell entspricht das Sicherheitsniveau der Funkstrecke und ihrer Komponenten meistens nicht dem des LANs.
	Der hohe Schutzbedarf für den Übergang vom WLAN auf das LAN ist über ein Sicherheitsgateway zu realisieren.
Besteht die Möglichkeit der Sperrung der WLAN-Kommunikation aus dem LAN heraus?	Am Übergabepunkt muss die völlige Sperrung der Kommunikation WLAN-LAN möglich sein.
Betreiben Sie Access Points als Hot Spots?	Hot Spots ermöglichen einen drahtlosen und einfachen Zugang zum Internet.
	Beim Betrieb von Access Points als Hot Spots sind zusätzliche Sicherheitsmaßnahmen erforderlich, besonders im Zusammenhang mit dem gleichzeitigen Betrieb eines LANs.
Sind Hot Spots mit einem LAN verbunden?	Durch eine WLAN-LAN-Kopplung besteht die Möglichkeit, über einen Hot Spot auch Zugang zum LAN zu gewinnen.
	Hot Spots sollten nur über ein Sicherheitsgateway mit einem LAN verbunden werden.
Ist Inter-Client-Kommunikation erlaubt?	Inter-Client-Kommunikation ermöglicht den Aufbau eines Ad-hoc-Netzwerks ohne integrierte Kontrollgeräte wie Access Points oder Router.
	Inter-Client-Kommunikation sollte generell nicht ermöglicht werden.

Tab. 3.2 (Fortsetzung)

Gibt es eine Schutzstrategie gegen Viren, Würmer, Trojaner etc.?	Die meisten Organisationen setzen spezielle Software zum Scannen eingehender Daten auf Verseuchung ein.
	Die Schutzstrategie gegen Verseuchung sollte den gleichen Standard wie für drahtgebundene Netze besitzen.
Sind Ihre Installationen durch Firewalls geschützt?	Eine Firewall kontrolliert den Datenverkehr zwischen Netzwerksegmenten und der Außenwelt auf unterschiedlichen Kommunikationsebenen.
	Beim Internetbetrieb sind Firewalls unabdingbarer Bestandteil der Sicherheitsstrategie.
Werden Maßnahmen ergriffen, das Netz gegen technische Störungen abzusichern?	Technische Störungen können von anderen Geräten kommen, die ebenfalls Funksignale aussenden: z. B. Mikrowellenherde, Überwachungseinrichtungen etc.
Haben Sie ein WLAN-Management-System im Einsatz?	Ein WLAN-Management-System dient der Dokumentation der Konfiguration, der Auswertung des Netzbetriebes und der Behandlung von Störfällen.
Dokumentieren Sie die Ergebnisse Ihrer Sicherheitsüberprüfungen?	Ein geeignetes Dokumentationstool ist ein WLAN-Management-System.
Analysieren Sie sicherheitsrelevante Ereignisse?	Die Ergebnisse der Analyse sollten in einem WLAN-Management-System dokumentiert werden.
Gibt es regelmäßige Audits?	Audits beziehen sich auf Konfigurationseinstellungen, Zugriffsrechte, Passwortzyklus, Einhaltung der Sicherheitsrichtlinie.
	Audits sind notwendig wegen sich ändernder Technologien und wegen Personalwechsels.
Setzen Sie WLAN-Analysetools ein?	WLAN-Analysetools überprüfen die Einrichtungen auf den Betrieb unautorisierter WLANs, finden Funklöcher und bewerten die Signalqualität.
Verwenden Sie Penetrationstests?	Penetrationstests simulieren den Versuch von unautorisierten Netzzugriffen und geben so ein Maß für die Zugriffssicherheit.
Gibt es regelmäßige Überprüfungen von Koppelpunkten und Authentisierungsservern?	Die Überprüfung der Funktionstüchtigkeit dieser Komponenten ist Teil des regelmäßigen Systemaudits.
	Koppelpunkte und Authentisierungsserver sind kritische Komponenten gegenüber Netzangriffen.

Tab. 3.2 (Fortsetzung)

Werden Ihre Clients regelmäßig überprüft hinsichtlich ihrer Konfiguration und Aktualität?	Insbesondere bei Erhöhung des Sicherheitsstandards muss sichergestellt sein, dass alle Clients auch diesen Standard erfüllen.
Überprüfen Sie den Einsatz nicht-genehmigter Komponenten?	Die Überprüfung auf nicht-genehmigte Komponenten ist Teil des generellen Sicherheitsaudits.
	Neben dem Einsatz eines WLAN-Analysetools sollte auch eine regelmäßige physische Überprüfung der Geräte erfolgen.
Werden Maßnahmen ergriffen, das Netz gegen technische Störungen abzusichern?	Technische Störungen lassen sich vermeiden durch eine sorgfältige Auswahl der Aufstellungsorte oder durch das Abschalten oder Versetzen störender Quellen.
Dokumentieren Sie Störungen und Auffälligkeiten?	Alle Störungen und Sicherheitsvorfälle sollten im WLAN-Management-System dokumentiert werden.
	Die Analyse von Störmeldungen erlaubt die Erkenntnis von Angriffsmustern oder systematischen Sicherheitslücken.
Ist vom WLAN ein Internetzugang möglich?	Ein ungeschützter Internet-Zugang ist ein beliebtes Angriffsziel auf WLANs.
	Der Internetzugang muss durch ein Gateway abgesichert werden.
Ist die Nutzung von Hot Spots geregelt?	Die Versorgung von Endgeräten mit WLAN-Adaptern ermöglicht auch den Zugang zu externen frei verfügbaren Hot Spots.
	Soll die Nutzung von Hot Spots unterbunden werden, sind dazu auch die nötigen technischen Voraussetzungen zu schaffen.
Ist die Nutzung von externen WLANs restriktiv geregelt?	Auswahl und Zulassung zu externen WLANs sollten in der Sicherheitsrichtlinie dokumentiert sein.
	Die Zugangsregelungen sollten einvernehmlich mit den Betreibern dieser Netze festgelegt werden.
Werden geeignete Verschlüsselungsverfahren bei der Datenübertragung zwischen Hot Spots und Servern eingesetzt?	Der Betrieb von Hot Spots erlaubt einen einfachen drahtlosen Internetzugang für fremde Benutzer.
	Neben den Sicherheitsmechanismen, die durch geeignete WLAN-Standards gegeben sind, kommen Web-Authentisierung sowie Zusatzprotokolle zur Datenverschlüsselung zum Einsatz.

Tab. 3.2 (Fortsetzung)

Gibt es einen Maßnahmenkatalog beim Diebstahl kritischer Komponenten?	Die Maßnahmen müssen verhindern, dass die gestohlenen Komponenten weiterhin Zugang besitzen. Alle auf den Komponenten hinterlegten Konfigurationsdaten mit Sicherheitsrelevanz müssen innerhalb des gesamten Netzes neu vergeben werden.
Gibt es eine Richtlinie für die Dekommissionierung von WLAN-Komponenten?	Bei der Entsorgung von ehemaligen WLAN-Komponenten sind mindestens alle konfigurationsrelevanten Informationen zu löschen.

Mobilfunk 4

4.1 Mobilfunkgeräte

4.1.1 Einordnung

Es wird zunächst auf die Architektur von klassischen Mobiltelefonen eingegangen. Auf diesen Grundlagen aufbauend werden kurz die zurzeit gängigen Betriebssysteme vorgestellt. Diese Betriebssysteme erlauben die Nutzung verschiedener Dienste, die für unsere Thematik von Belang sind.

4.1.2 Grundlagen

Zu unterscheiden sind zunächst

- die externe Kommunikationsstruktur und die
- interne Gerätearchitektur.

Um das verstehen zu können, werden die Grundsätze der Kommunikation und der Gerätearchitektur und ihrer Funktionsweise nacheinander betrachtet.

4.1.2.1 Kommunikationsstruktur

Die allgemeine Struktur eines Mobilfunknetzes ist aus Abb. 4.1 ersichtlich.

Dabei handelt es sich um ein zellulares Netz in hierarchischer Gliederung. Die Hauptkomponenten sind:

- Das Telefon selbst
- Basisstation

© Springer-Verlag GmbH Deutschland, ein Teil von Springer Nature 2018

W. W. Osterhage, *Sicherheitskonzepte in der mobilen Kommunikation*,

https://doi.org/10.1007/978-3-662-57903-9_4

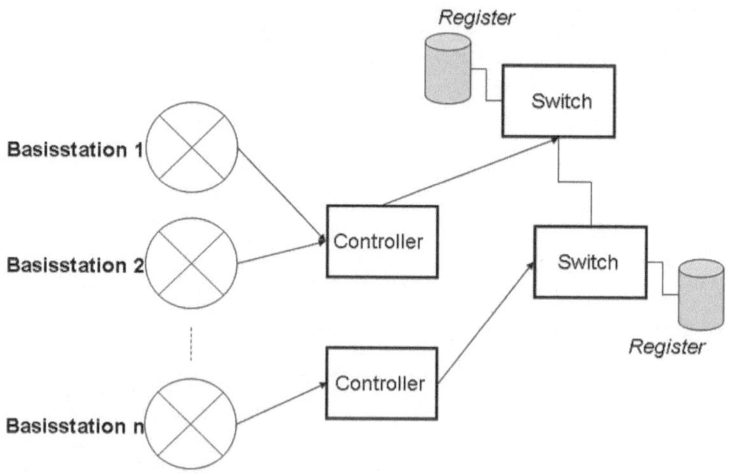

Abb. 4.1 Struktur eines Mobilfunknetzes

- Kontrollstation
- Sendestationen und
- Vermittlungsknoten.

Netzbetreiber und Enduser sind über die Basisstation verbunden. Basisstationen können mehrere Zellen bedienen. Sie selbst werden von den Kontrollstationen verwaltet. Das Routing und die Dienstvermittlung übernehmen die Vermittlungsknoten. Als weitere Voraussetzungen dienen eine Anzahl von Registern, in denen u. a. Teilnehmerdaten verwaltet werden. Darauf soll an anderer Stelle weiter unten eingegangen werden.

Wesentlich ist die Feststellung, dass es normalerweise – anders als z. B. im WLAN bei bestimmten Endgeräten – keine end-to-end-Verbindungen zwischen den Mobilfunkgeräten selbst gibt, sondern dass jede Kommunikation über das Netz geroutet werden muss.

Die Nutzung eines Mobiltelefons für WLAN-Kommunikation ist in Abb. 4.2 dargestellt.

Dabei ist ersichtlich, dass es sich um separate Protokolle handelt. Bei den zur Zeit auf dem Markt befindlichen Lösungen ist eine Route über das Mobilfunknetz nicht notwendig. Das Mobiltelefon, welches für solche Kommunikation ertüchtigt ist, kann direkt über z. B. einem Access Point mit einem WLAN in Verbindung treten.

4.1.2.2   Gerätearchitektur

Mobile Telefone besitzen heute ähnliche Fähigkeiten wie ein PC. Sie sind also über ihre ursprüngliche Funktionalität der Sprachkommunikation hinaus mit weitaus mehr Anwendungen ausgestattet. Diese Leistungsfähigkeit hat natürlich auch ihren Preis bezogen auf Sicherheitsaspekte, da sie den Benutzern erhebliche Freiheitsgrade zumutet. Dem haben alle Hersteller dadurch Rechnung getragen, dass sie von der Grundausstattung her das Gerät in einen funktionalen und in einen Sicherheitsteil ausgestaltet haben. Der funktionale Teil wiederum gliedert sich in

Abb. 4.2 Mobilfunkgerät im WLAN

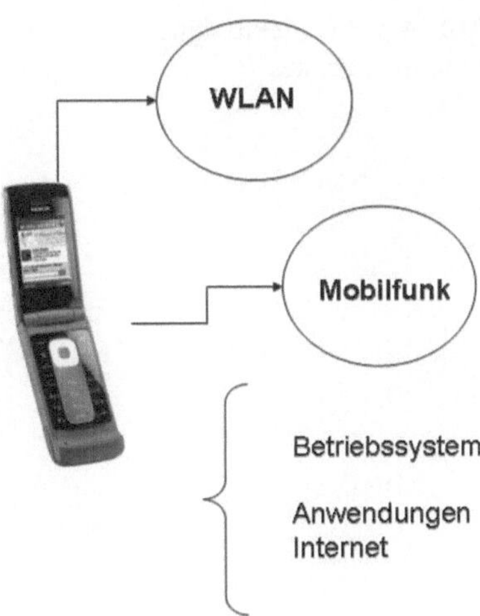

- den Kommunikationspart und
- die lokalen Anwendungen.

Der Sicherheitsteil konzentriert sich lokal im Wesentlichen um die sogenannte SIM-Karte (Subscriber Identity Module). Auf dieser Karte sind gespeichert:

- Kundennummer des Besitzers
- IMSI (International Mobile Subscriber Identity)
- Rufnummer und
- Authentisierungsdaten.

Die physische Trennung von SIM und Gerät ermöglicht die Nutzung unterschiedlicher Geräte durch ein und denselben Enduser dadurch, dass er seine SIM-Karte mitnimmt. Die logische Bindung des Nutzers besteht also zu seiner SIM-Karte und nicht zu seinem Gerät.

Abb. 4.3 zeigt die typische Architektur eines Mobilfunkgerätes mit den diversen Schnittstellen.

Man unterscheidet vier Klassen von Schnittstellen – für:

- Benutzer
- Kommunikation
- Speicher
- Geräte.

4.1.2.3 Smartphones

Smartphones sind Weiterentwicklungen von normalen Mobiltelefonen, die zu einer Integration von umfassenden Mobilfunkdiensten und einer unübersehbaren Vielzahl von

Abb. 4.3 Architektur eines
Mobilfunkgerätes

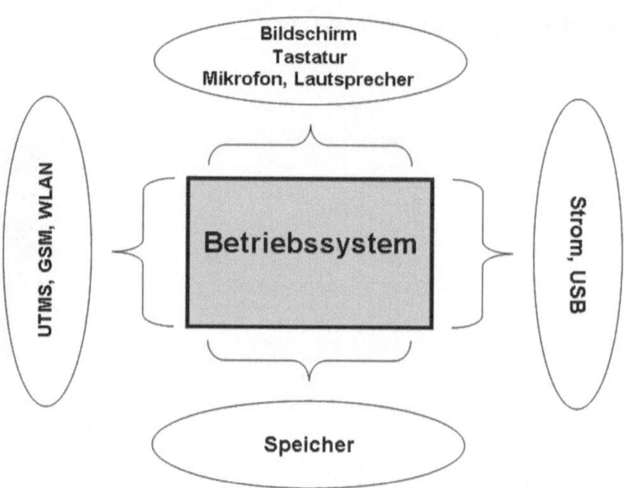

Anwendungen (Apps) geführt haben wie sie bis dahin nur of PCs oder Laptops möglich
waren. Dazu gehört insbesondere die intensive Nutzung des Internets.

Hier finden sich also mindestens die folgenden Dienste und Funktionalitäten:

- GSM
- UTMS
- GPRS
- HSCSD
- WLAN

als Protokolle, sowie

- SMS, MMS
- E-Mails
- Internetzugang

für die Kommunikation. Daneben finden sich weitere Anwendungen, wie z. B.

- GPS
- Office-Pakete
- MP3-Player
- Digitalkameras

und jede Menge Apps, die der Benutzer selbst verwaltet, herunterlädt und zur Anwendung
bringt. Der Phantasie sind keine Grenzen gesetzt.

Viele Smartphones nutzen das Betriebssystem Android. Es wurde von Google entwickelt. Sein Programmcode ist als Freeware zu haben. Auf diese Weise gibt es eine

Vielzahl von modifizierten Versionen, die von den Anbietern von Mobilfunkgeräten ihren Produkten entsprechend angepasst wurden. Das bedeutet, dass Updates von den Anbietern selbst organisiert werden müssen. Dabei kann es gelegentlich zu Phasenverschiebungen zwischen den originären Android-Versionen und den angepassten kommen. Apps können vom Google „Play Store" aber auch aus anderen Quellen herunter geladen werden. Android Phones ermöglichen Speichererweiterungen und können per USB-Stick an z. B. Laptops angeschlossen werden, um Dateien hoch- oder runterzuladen oder zu synchronisieren. Synchronisierung von Adressen und Kalender können auch übers Internet erfolgen.

Abb. 4.4 zeigt den Aufbau des Android-Betriebssystems. Ganz unten befindet sich der Kernel mit den Drivern für die Grundfunktionen:

- Display
- Kamera
- Bluetooth
- USB
- Tastatur
- WiFi
- Audio
- Power etc

Im Layer darüber finden sich die Java-Laufzeitbibliotheken. Es folgen nach oben die Anwendungen bzw. das Anwendungsframework. Im Android sind diese Bereiche so flexibel gehalten, dass ein Entwickler selbst neue Anwendungen einfügen bzw. vorhandene ersetzen kann.

<table>
<tr><td align="center">Anwendungen
z.B. Telefonie, Browser, Kontakte etc.</td></tr>
<tr><td align="center">Anwendungsumgebung

Windows, Content, Manager für
Telefonie, Benachrichtigungen etc.</td></tr>
<tr><td align="center">Libraries

und

Run Time Libraries</td></tr>
<tr><td align="center">Kernel (Driver)

Display, Kamera, Bluetooth, USB, Tastatur, WiFi,
Audio, Power Management</td></tr>
</table>

Abb. 4.4 Android Struktur

4.1.2.4   iPhone

iPhone ist ein Produkt der Fa. Apple (s. Abb. 4.5). Neben seinen klassischen Funktionalitäten als Telefon besteht seine Hauptattraktivität in der Unterstützung medialer Dienste als
quasi erweiterter iPod für Videos und Musik. Sein Betriebssystem iOS ist eine Anpassung
von MAC OS X. Zu den Hauptanwendungen gehören:

- Webbrowser
- E-Mail-Programm
- Kalender
- Kartendienst
- Notizen
- YouTube Player
- Taschenrechner
- Wetterdienst
- Aktiendienst

und alles, was man sich aus dem App-Store sonst noch herunterladen möchte.

iPhones besitzen eine hohe Datenspeicherkapazität und gleichzeitig die Möglichkeit,
sich über WLAN mit zentralen Anwendungen zu verbinden.

Abb. 4.5 iPhone © Wikimedia Commons by Rafael
Fernandez CC-BY-SA 4.0

Abb. 4.6 iOS Architektur

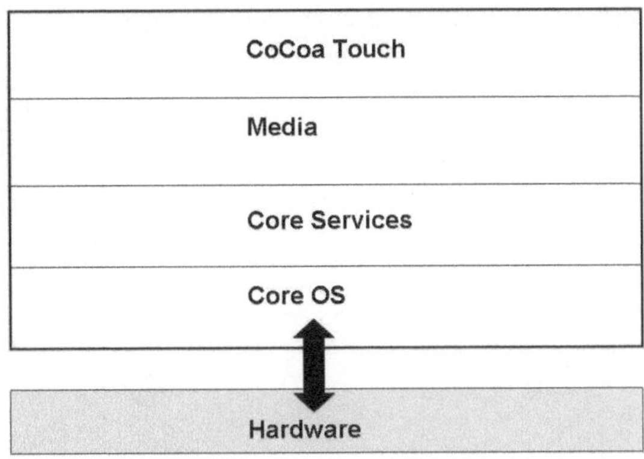

iOS wird neben dem iPhone auch auf dem iPod Touch und auf dem iPad eingesetzt. Allerdings lassen sich Apps nur aus dem App-Store von Apple installieren. Dazu muss man sich als Nutzer registrieren lassen. Eine Speichererweiterung per Karte ist nicht möglich. Für den Datenaustausch mit einem PC ist das Programm i-Tunes erforderlich.

Wie bei anderen Systemen auch besteht die Architektur des iOS aus übereinanderliegenden Schichten (s. Abb. 4.6).

Hierin bedeuten:

- Cocoa Touch: adaptiert von Mac OS X mit Schnittstellen und Frameworks
- Media: Framework für Audio, Video etc.
- Core Services: grundlegende Systemdienste, Speicher- und Datenverwaltung
- Core OS: Kernel und Netzwerkfunktionen

4.1.2.5 BlackBerries

Bei den BlackBerries handelt es sich eigentlich um eine besondere Ausführung von PDAs, die zunächst von Research in Motion (RIM) angeboten wurde. Sie bilden allerdings für sich eine Geräteklasse, die wiederum ihre eigenen Nutzungsmöglichkeiten hat.

Bei den BlackBerries wurden die klassischen PDA-Funktionalitäten signifikant erweitert (s. Abb. 4.7). Ein BlackBerry wird in erster Linie zum Austausch von E-Mails und von PIM (Personal Information Manager)-Daten eingesetzt. Es bedient sich dazu einer speziellen Echtzeit-Betriebssoftware sowie eines eigenen Protokolls zur Kommunikation.

Neben funktionalen und ergonomischen bietet ein BlackBerry gegenüber dem gängigen PDA noch weitere Vorteile. So werden alle Daten zwischen Server und Endgerät immer synchron gehalten, solange die Verbindung aufrechterhalten bleibt. Sein integrierter MDS (Mobil Data Service) ermöglicht einen einfachen Zugang zu firmeninternen Datenbanken. Ein weiteres Feature besteht in der Komprimierung von großen Datenmengen durch den BlackBerry Enterprise Server (BES), der diese dann als Datastream mit akzeptabler Performance auf das Endgerät transportiert. Dafür bestehen auch spezielle Verschlüsselungsmöglichkeiten.

Desgleichen ist das BlackBerry-Endgerät befähigt, über den BES und Instant Messaging an anderen unternehmensinternen Kommunikationssystemen teilzunehmen.

Abb. 4.7 BlackBerry © Wikimedia Commons
by Karlis Dambrans – BlackBerry Q10, Flickr
CC-BY 2.0

Ergonomisch gesehen ist das Gerät wegen seines Trackwheels und der Tastenanordnung grundsätzlich mit einer Hand bedienbar. Neuere Versionen verzichten auch auf das Trackwheel und bieten stattdessen eine Sure-Type-Tastatur.

BlackBerries sind also geeignet, in Unternehmen und anderen Organisationen in einer entsprechenden Serverarchitektur zu operieren. Dadurch wird mittlerweile ein Komplexitätsgrad erreicht, der wiederum ein entsprechendes Management erfordert. Dafür wurden inzwischen entsprechende Plattformen und Tools entwickelt:

- Push Software Anwendungen für spezifische User Groups
- Versionsmanagement
- Spezielle Sicherheitsmodule
- Monitoring-Möglichkeiten.

All diese Funktionen lassen sich heute über eine einzige Administratorkonsole ausüben – und das innerhalb der Standard WINDOWS-Betriebssysteme mit entsprechendem Firewall-Schutz.

4.1.2.6   Tablets

Das Tablet gehört auch zur Kategorie der „handhelds", also mobiler Endgeräte, die wie ein PC funktionieren, aber als tragbare Ausführung. Es handelt sich um ein flaches Gerät, das von seiner Fläche größer ist als ein Smartphone und äußerlich wie eine einzige Touch Screen erscheint. Es besitzt ursprünglich kein eigenes Tastaturmodul, hat neuerdings aber auch die Möglichkeit für eine Tastatur als Detachable. Ansonsten erfolgt die Bedienung über eine virtuelle Tastatur und per Touch-Screen-Eingabe. Seine Betriebssysteme sind analog denen für Smartphones – also Android, iOS oder Windows ab 8.1 aufwärts.

Obwohl erste Konzepte bereits in den 1980er Jahren vorlagen, kam der große Durchbruch erst im Jahre 2010 durch das iPad von Apple.

Die Risiken der Tablet-Nutzung und deren Gefährdungspotenziale sind dementsprechend ähnlich denen für Smartphones. Potenziert werden diese Gefährdungen durch die erweiterte Nutzungskultur, die sich im Laufe der Zeit entwickelt hat. Tablets sind sehr populäre Werkzeuge im Konsumerbereich geworden. Sie finden allerdings auch weite Verbreitung in Unternehmen, dadurch dass Außendienstmitarbeiter und Service-Techniker entweder damit ausgestattet werden oder ihre privaten Geräte zusätzlich für Geschäftszwecke nutzen. Um Wildwuchs und Missbrauch vorzubeugen, sind entsprechende verbindliche Richtlinien zu entwickeln. Dabei sind insbesondere zu beachten:

Firmentablets dürfen ausschließlich nur für Firmenbelange genutzt werden.
Im Bedarfsfall ist eine gesonderte Freigabe zur privaten Nutzung erforderlich.
Im Bedarfsfall ist für die Nutzung eines privaten Tablets für Firmenzwecke eine gesonderte Freigabe erforderlich (BYOD: bring your own device).

Die Betriebssysteme für Tablets bieten eine Reihe von Sicherheitsfunktionen an, die zum Einsatz kommen sollten (s. Tab. 4.1)

Das BSI hat weitere Empfehlungen für den Einsatz von Tablets herausgebracht. Dazu gehören:

Tab. 4.1 Sicherheitsfunktionen verschiedener aktueller Betriebssysteme zur Abwehr von Tablet-Risiken (Auszug)

Zugangsschutz	Abhilfe gegen Risiko	Android 4.3	Apple iOS7	Windows 8.1
Zugangsschutz	Geräteverlust, unbefugte Nutzer	-/o Display-Sperre (Muster, PIN, Passwort, Gesichtserkennung)	o/+ Passcode, Passwortrichtlinien, ggf. Touch ID (Fingerabdruck-Scanner), Mehr-Faktor-Authentifizierung	+ Unterstützung biometrischer Zugangskontrolle, Microsoft Account Login, Mehr-Faktor-Authentifizierung, Picture Password
Datenfernlöschung	Geräteverlust, Ausscheiden des Mitarbeiters bei BYOD	Über Android Geräte-Manager (keine Unterscheidung zwischen betrieblichen und privaten Daten)	Local Wipe (keine Unterscheidung zwischen betrieblichen und privaten Daten)	++ Remote Data Removal (mit Unterscheidung privater und betrieblicher Daten, sodass nur betriebliche Daten gelöscht werden)

Tab. 4.1 (Fortsetzung)

Zugangsschutz	Abhilfe gegen Risiko	Android 4.3	Apple iOS7	Windows 8.1
Verschlüsselung	Geräteverlust, Pool-Nutzung, fehlende Nutzertrennung (BYOD)	optional möglich (Schlüssel entspricht PIN/Passwort für Bildschirmsperre)	+ Automatische Hardware-Verschlüsselung, zusätzlich File Data Protection für Flash-Speicher	+ BitLocker (Edition Pro und Enterprise), Device Encryption (InstantGo-Geräte)

Skala der Bewertung (--, -, o, +, ++, entspricht sehr schlecht, schlecht, neutral, gut, sehr gut) (Quelle: O. Schonschek, A. Oppermann: „Risiken der Tablet-Nutzung und Vergleich der Sicherheitsfunktionen von Android OS 4.3, Apple iOS 7 sowie Windows 8.1", ICT-News Dach, 2013)

- Zentrale Installation und Konfiguration von Hard- und Software
- Keine automatische Synchronisation mit Cloud-Diensten
- Einsatz von zentralen MDM (Mobile Device Management) Lösungen:
- Passwort-Richtlinien
- Konfigurationsüberprüfung
- Patch-Stand-Überprüfung
- Richtlinien für die Bereitstellung verschiedener Benutzerkonten
- Freigabeverfahren für die Installation von Apps
- Erstellen einer Sicherheitsrichtlinie
- Nutzung der Sicherheitsfunktionen der Hersteller
- Verschlüsselung von Datenverbindungen bei der Nutzung von Internet-Diensten
- Bestandsmäßige Verwaltung von Tablets in Gebrauch.

Hier eine BSI-Checkliste zu den Sicherheitsaspekten (Tab. 4.2):

Tab. 4.2 Checkliste Tablet-Einsatz. (Quelle: BSI)

Prüffrage	Antwort
Wird ie Installation und Konfiguration von Hard- und Software für die Kopplung von Tablets mit IT-Systemen zentral durchgeführt und geregelt?	
Existiert eine verständliche Tablet-Sicherheitsrichtlinie für Benutzer?	
Gibt es ein Test- und Freigabeverfahren für Tablet-Applikationen?	
Wir die Tablet-Synchronisation protokolliert und sporadisch überprüft?	
Sind Tablets und die zur Synchronisation eingesetzten PCs mit aktuellen Virenschutz-Programmen ausgestattet?	
Gibt es ein Tablet-Bestandsverzeichnis?	

4.1.2.7 Raspberries

Bei der Entwicklung von Klein-Computern war der Gedanke einfacher Systeme und Lösungen für den persönlichen Gebrauch ein ständiger Begleitaspekt. Dem hat zu Anfang der PC-Welle Sinclair versucht, entgegenzukommen, aber solche Konzepte lagen auch der ursprünglichen Windows-Entwicklung zu Grunde: weg von DoS, kein Zugang zum BIOS mehr und einfache grafische Oberflächen, über die auch unbedarfte User per Mausklick intuitiv eine für sie nützliche Anwendungsumgebung erhielten. Mittlerweile hat Windows einen Komplexitätsgrad erreicht, der nur mittels Expertenfähigkeiten zu beherrschen ist, es sei denn man beschränkt sich auf eine ganz geringe Untermenge des Betriebssystemangebots.

Im Rahmen des Internet of Things (IoT) haben die Erfinder der Raspberries das alte Ziel nach Einfachheit wieder aufgegriffen. Die ersten Geräte kamen 2012 auf den Markt. Sie basieren auf einem einzigen Chip. Das System mit einem ARM-Mikroprozessor wurde von Broadcom entwickelt. Raspberries bestechen durch ihre Einfachheit gegenüber gängigen PCs und eignen sich zum Programmieren für Anfänger. Sein niedriger Verkaufspreis – zwischen 5 und 35 $ – hat zu einer Verbreitung von 12 Millionen Einheiten bis Anfang 2017 geführt. Mittlerweile gibt es auch jede Menge Zubehör, und auch Windows steigt ohne grafische Oberfläche mit seiner IoT Core-Version darin ein.

Werden Raspberries als Server eingesetzt bieten sie sich aus unterschiedlichen Gründen als Einfallstor für Hacker an:

- Data Mining
- Attacken gegen andere Hosts
- Angriffe auf das gesamte Verbundnetz, in welchem sich der Rechner befindet.

Es gibt eine Reihe von Sicherheitsmaßnahmen, die zu beherzigen sind. Dazu gehören:

- Änderung des Standard-Passworts
- Deaktivierung des Standard-Accounts
- Zugriffskontrolle auf die Secure Shell vermittels eines autorisierten Schlüssels
- Deaktivieren überflüssiger Anwendungen:
- Dienste
- Softwarepakete
- Benutzerkonten
- Patchlevel aktualisieren
- Regelmäßige Backups fahren
- Firewalls einrichten.

4.2   Kommunikationsprotokolle

Die Betriebssysteme von Mobiltelefonen unterstützen unterschiedliche Kommunikationsverfahren und Protokolle. Zusätzlich zu den einfachen Standardfunktionen kann es Zusatzfunktionen wie z. B. Speicherverwaltung und Dateisysteme geben. Integraler Bestandteil aller Betriebssysteme sind kryptografische Verfahren und Zugangskontrollen zur Absicherung des Geräts und der Kommunikation. Im Folgenden werden die gängigsten Betriebssysteme vorgestellt:

- GSM
- HSCSD
- GPRS
- UMTS
- HPDSA
- LTE

Zur Unterscheidung der verschiedenen Protokolle werden diese auch nach Generationen eingeteilt. Man spricht dann von 1G bis 5G. 1G wird an dieser Stelle nicht mehr behandelt. Es handelt sich dabei noch um Analog-Telefonie. Das analoge C-Netz war erstmals in der Lage, Funkverbindungen beim Wechsle von Funkzellen zu übertragen (1986).

4.2.1   GSM

In der Abb. 4.8 wird die Kommunikationslandschaft für GSM (2G; 1992) schematisch dargestellt.

Das gesamte Netz ist in Zellen unterteilt. Diese Zellen werden von Basisstationen (BTS) bedient. Sie sind gleichzeitig die Schnittstelle zwischen dem Netzbetreiber und dem Enduser. Darüber hinaus gibt es Kontrollstationen (BSC), die die Ressourcen der BTS verwalten. Gesteuert werden die BTS über Vermittlungsknoten (MSC). Die MSC übernehmen das klassische Routing mit zugehöriger Bearbeitung auch ins Festnetz hinein. Daneben existiert eine Reihe von Registern, die Informationen speichern, ohne die das Routing nicht funktionieren kann:

- HLR/Home Location Register: Informationen über Netzteilnehmer (ID, Dienste usw.)
- VLR/Visitor Location Register: Status des Teilnehmers
- AUC/Authentication Center: Informationen zur Berechtigungsprüfung
- EIR/Equipment Identity Register: Liste aller zugelassenen Endgeräte
- Die Sprachübertragung erfolgt in Deutschland im D-Netz mit einer Bandbreite von 9,6 bzw. 14,4 Kbit/s.

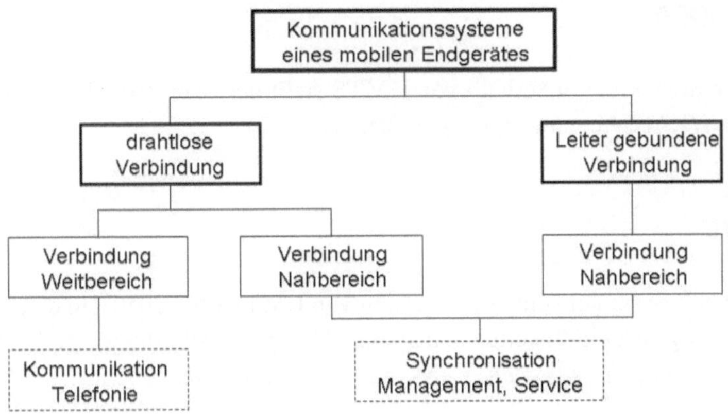

Abb. 4.8 GSM Kommunikationsschema

4.2.2   HSCSD

HSCSD ist eine Erweiterung von GSM, die es erlaubt, mehrere GSM-Funkkanäle gleichzeitig zu nutzen. Das erlaubt eine höhere Datenübertragungsrate.

4.2.3   GPRS

GPRS kann mehrere Funkkanäle bündeln und eignet sich insbesondere zur Übertragung von Daten z. B. aus dem Internet und für den Versand von E-Mails (2.5G, 2001). Dafür kommen ganz bestimmte Dienste infrage, z. B. i-mode oder WAP. Die Bandbreite beträgt 55 Kbit/s.

Die nächste Weiterentwicklung kam mit 2.75G EDGE im Jahre 2006 mit einer Bandbreite von 150 Kbit/s.

4.2.4   UMTS

UMTS (Universal Mobile Telecommunications System) steht für eine neue Generation von Mobilfunk-Betriebssystemen (3G, 2004). Wegen seines optimierten Übertragungsverfahrens können neben Sprache und Text auch aufwendigere Formate mit hoher Geschwindigkeit verschickt werden: Video, Internet etc. Das führt natürlich zu neuen Möglichkeiten bei den Diensten. Die Bandbreite beträgt 384 Kbit/s.

4.2.5 HSDPA

Eine Weiterentwicklung innerhalb von UMTS stellt der Standard HSDPA dar, der insbesondere für WLAN-Anwendungen geeignet ist (3.5G).

4.2.6 LTE

Hierbei handelt es sich um eine Erweiterung von UMTS (4G, 2010). In der Praxis erreicht man Downloadgeschwindigkeiten von 50 bis 150 Mbit/s. Allerdings erfüllt LTE die Spezifikationen des 4G nicht komplett, sodass man auch von 3.9G spricht.

4.2.7 5G

Geplant ist der Einsatz von 5G erst im Jahre 2020. Koordiniert wird die Entwicklung von der ITU (International Telecommunication Union). Ziel ist eine Übertragungsgeschwindigkeit, die zehnmal so hoch ist wie die besten LTE-Werte heute (2018).

4.2.8 Dienste

Neben der klassischen Telefonie stehen heute zusätzliche Dienste zur Verfügung, die man nach den Kriterien

- Informationsdienste
- Kommunikationsdienste und
- Datentransferleistungen

klassifizieren kann. Die Abb 4.9 zeigt ein Grundsatzschema, wie diese Dienste architektonisch eingebunden sind.

Abb. 4.9 Benutzerdienste

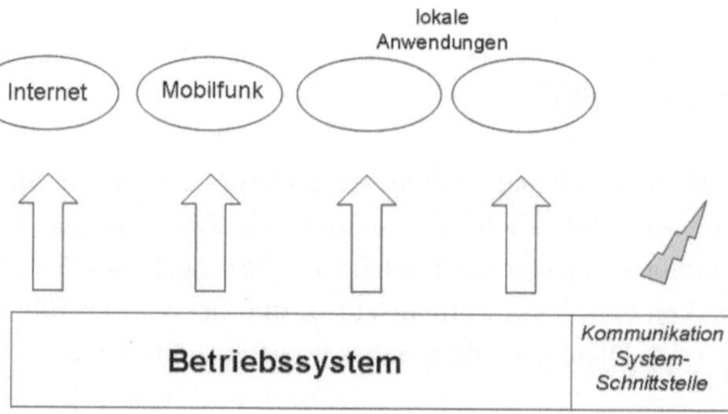

Im Folgenden werden näher betrachtet:

- SMS/EMS/MMS
- WAP und
- i-mode.

4.2.8.1 SMS/EMS/MMS

Die Abkürzungen stehen für

- Short Message Service (SMS)
- Enhanced Message Service (EMS)
- Multimedia Message Service (MMS).

Der Basisdienst ist SMS. Dieser Dienst erlaubt den Versand von reinen Textnachrichten. Aus diesem Dienst haben sich später EMS und MMS weiterentwickelt. Abb 4.10 zeigt diese Entwicklung. EMS ermöglicht Nachrichten, die über die Textzeichenbegrenzung von SMS (160) hinausgehen, sowie einfache Grafiken. MMS erschließt nunmehr die Möglichkeiten, Fotos und kurze Videos per Mobilfunk zu verschicken.

Allen gemeinsam ist, dass die Nachrichten nicht direkt an den Empfänger gehen. Er erhält stattdessen einen Hinweis, dass für ihn eine solche Nachricht bereitsteht. Erst, wenn der Empfänger den Abruf selber tätigt, wird ihm die Nachricht, die auf dem Server des Providers zwischengespeichert ist, zugestellt.

4.2.8.2 WAP

WAP steht für Wireless Application Protocol. Dieser Dienst ermöglicht die Übertragung von Internet-Informationen. Um diesen Dienst zu nutzen, müssen die Endgeräte mit entsprechenden Browsern ausgestattet sein. Die WAP-Architektur entspricht derjenigen von anderen Datennetzen, wie sie auch im Rahmen normaler Client-Server-Konstellationen zu finden sind.

4.2.8.3 i-mode

i-mode ist ein weiterer Internetzugang per Mobilfunk und damit direkter Konkurrent zu WAP. Um die volle Funktionsfähigkeit nutzen zu können, müssen die Endgeräte entsprechend ausgestattet sein.

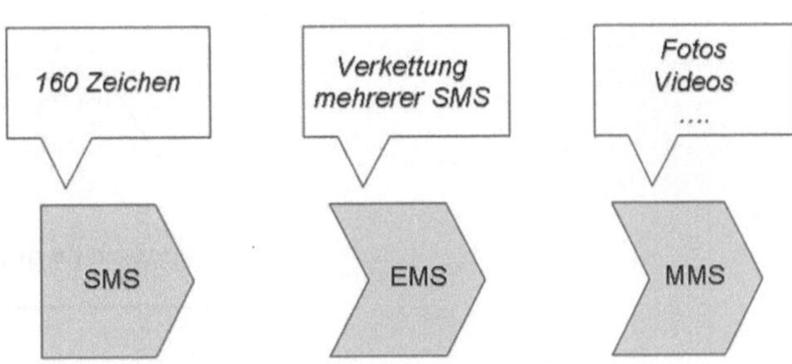

Abb. 4.10 Entwicklung der Message Services

4.2.8.4 VoIP

Bei Voice over IP (VoIP) handelt es sich um Telefonie, die über das Internet betrieben wird. Diese Technologie ermöglicht es, klassische Telefon-Infrastruktur zu vermeiden. Diverse Endgeräte können dabei zum Einsatz kommen. Mit der Entwicklung von Smartphones stehen diese Möglichkeiten auch dem Mobilfunk offen. Dabei nutzen die Smartphones das WLAN-Protokoll, um über Access Points ins Internet zu gelangen.

4.3   Sicherheitsaspekte beim Mobilfunk

Die Sicherheitsrisiken, die durch Mobiltelefone entstehen, gehen weit über die klassischen Risiken bei typischen WLAN-Anwendungen hinaus. Das gilt unabhängig davon, ob sie für WLAN-Anwendungen selbst oder für reine Telefonie verwendet werden. Dabei ist ein Großteil der Gefährdungen gar nicht einmal so sehr abhängig von der Art der Nutzung, sondern liegt in der Natur des Gerätes begründet. Aus all diesen Gründen sind Gegenmaßnahmen erforderlich, die weit darüber hinausgehen, was über die Gefährdung im reinen WLAN-Umfeld gesagt worden ist. Diese zusätzlichen Gefährdungspotenziale werden im Folgenden zunächst identifiziert. Wie immer, sind erste Maßnahmen auf der strategischen Ebene zu treffen. Dazu sei auf die Sicherheitspyramide in Organisationen hingewiesen (s. Abb. 4.11).

Nur das eingespielte Zusammenwirken von organisatorischen und technischen Maßnahmen führt letztendlich zu einer Minimierung von Gefährdungen.

Für Mobiltelefone ist der folgende übergeordnete Katalog in Tab. 4.3 von Gefährdungen maßgebend:

Neben generellen Maßnahmen für alle gängigen Mobilfunk-Anwendungen gibt es Hersteller spezifische Strategien. Generell gilt für Mobiltelefone:

Im Gegensatz zu drahtgebundenen können mobile Endgeräte viel häufiger in unsicheren Umgebungen betrieben werden.

Abb. 4.11 Sicherheitspyramide

Tab. 4.3 Gefährdungspotenziale Mobilfunk

Szenarien	Angriffsziele	Angriffsart
Angreifer im Besitz des Ge-rätes	Anwendungen	Diebstahl
	Hardware	
	Gerätemerkmale	
	Infektion	
Angreifer nicht im Besitz des Gerätes	Dienste	Manipulation
	DoS	
	Betriebssysteme	
	Kommunikation	
	Infrastruktur	

Neben den technischen Möglichkeiten des Ausspionierens gibt es eine Schwachstelle, die in der Natur eines Mobiltelefons begründet liegt: das akustische Abhören.

Die Authentifizierungsverfahren von Mobiltelefonen sind einfach. Häufig genügt ein vierstelliger Code, um Zugang nicht nur zum Netz unter der eingetragenen Nutzerkennung zu erhalten, sondern auch zu den lokal gespeicherten Daten auf dem Gerät.

Daneben existieren dann die üblichen Angriffsflächen wie vom WLAN und den klassischen drahtgebundenen Netzen her bekannt.

4.3.1 Allgemeine organisatorische Maßnahmen

Zu den organisatorischen Maßnahmen, die insbesondere die Eigenarten des Mobilfunkbereichs betreffen, gehören:

- Regelung der Nutzung von Mobilfunkgeräten durch Richtlinien
- Festlegung sicherheitsrelevanter Beschaffungskriterien im Vorfeld zusätzlich zu den rein funktionalen und kostenmäßigen
- Durchsetzung der Sicherheitspyramide in der Organisation, sofern noch nicht erfolgt (eine solche oder ähnliche Strategie sollte ohnehin im Bereich klassischer Anwendungen in jeder Organisation existieren)
- Entwickeln eines Berechtigungskonzepts mit Passwort-Strategie auch für Mobiltelefone
- Verschlüsselungskonzepte für Datenhaltung und für den gesamten Datenverkehr
- Einführen eines Alarmierungsprozesses bei Diebstahl oder Verlust eines Endgerätes sowie bei Aufdeckung von Versuchen, illegalen Zugang zu gewinnen.

4.3.2   Allgemeine technische Maßnahmen

Zu den allgemeinen technischen Maßnahmen gehören:

- Kontrolle der privaten Endgeräte bezüglich ihrer Nutzung für Unternehmensfunktionen – insbesondere im Unternehmens-WLAN
- Freigabeverfahren für Anwendungen auf den Endgeräten
- Verschlüsselungsvorgaben für Kommunikation und Daten
- Verpflichtung zur körperlichen Beaufsichtigung der mobilen Endgeräte
- Richtlinien zur Datensicherung
- Restriktive Nutzung außerhalb des Unternehmens
- Inventarisierung der Geräte
- Entwicklung einer Authentisierungs-Strategie
- Verschlüsselung von Daten und Speichermedien
- Entwicklung eines Berechtigungskonzeptes
- Synchronisierung durch sichere Protokolle
- Einbindung der Geräte in vorhandene Betriebssysteme ohne Plug-Ins
- Überwachung von Identifizierung und Authentisierungstransaktionen
- Einsatz von Network Control Software
- Alarmierungsmechanismen
- Regelmäßige Überprüfung der Infrastruktur
- Aktualisierung von Synchronisationsprogrammen, Kommunikationsprotokollen und Betriebssystemen.

4.3.3   Konkrete Gefährdungsszenarien im Mobilfunkbereich

Im Folgenden wird Bezug genommen auf die Potenziale, die weiter oben in der Tabelle vorgestellt wurden. Im Einzelnen werden die beiden Blöcke

- „Angreifer im Besitz eines Endgeräts" und
- „Angreifer nicht im Besitz eines Endgeräts"

differenziert.

Angriffe aus beiden Szenarien heraus haben Auswirkungen auf

- Anwendungen
- Dienste
- Betriebssystem
- Kommunikation
- Infrastruktur
- Hardware

- Gerätemerkmale
- Infektion und DoS

Die jeweils relevanten Mobilfunk spezifischen Szenarien werden im Folgenden abgearbeitet:

4.3.3.1 Angreifer im Besitz eines Endgerätes

Dies ist das folgenschwerste Szenario. Hier eine Zusammenfassung der Gefährdungsszenarien:

Angriffsziel Anwendungen:

- Ausspionieren von Daten: persönliche Daten, sicherheits- und konfigurationsrelevante Daten, Geschäftsdaten
- Manipulation von Daten inklusive Löschen: durch Verfälschung und Sabotage die Wettbewerbsfähigkeit eines Unternehmens untergraben
- Informationen von Unternehmensprozessen erhalten: über den Workflow, über Datenbankstrukturen, E-Mail-Ordner
- Betriebssystemanalyse, Sicherheitseinstellungen: die Kenntnis dieser Informationen ermöglicht das tiefere Eindringen in die Unternehmensdatenwelt.
- Manipulation des Registry: Systemeinstellungen im LAN so ändern, dass eine Benutzung erschwert, wenn nicht gar unmöglich wird
- Einschleusen von Viren etc.

Hinzu kommen hier noch folgende Gesichtspunkte:

Zunächst einmal hat der Angreifer eine Palette von technischen Möglichkeiten, Authentisierungsroutinen zu umgehen. Damit ist er nicht nur „im" Gerät, sondern ihm stehen jetzt weitere Möglichkeiten offen, in interne und externe Anwendungen einzudringen – zumindest besitzt er eine neue Ausgangsbasis, auch in Netzwerkanwendungen der zugehörigen Organisation zu gelangen. Er hat eine erste Hürde überwunden. Mit weiteren technischen Mitteln kann er dann versuchen, seinen illegalen Zugriff durch entsprechende Manipulationen zu kaschieren, sodass den Netzwerkadministratoren bzw. Kommunikationsverantwortlichen seine Verbindung nicht als illegal auffällt. Durch entsprechende Löschvorgänge kann er auch lokale Aufzeichnungen so manipulieren, dass dem Besitzer, sollte diesem das Gerät wieder zugespielt werden, der illegaler Zugriff zunächst nicht auffällt (spätestens bei der Rechnungsstellung mit Einzelverbindungsnachweis wird das Ganze auffallen, wobei es dann allerdings zu spät ist).

Angriffsziel Dienste und Betriebssystem:

- Betriebssystemanalyse, Sicherheitseinstellungen (s. o.)
- Manipulation des Registry (s. o.)
- Einschleusen von Viren etc.

- Angriffsziel Infrastruktur:
- Manipulation des Endgerätes: sodass sein Missbrauch zunächst nicht erkannt wird
- Zerstörung des Gerätes
- Kopieren und Einsatz fremder Geräte: Vortäuschen eines legalen Zugriffs

Hardware:

Im primitivsten Falle kann eine einfache Zerstörung/Vernichtung des Gerätes erfolgen. Bei einem einzelnen Gerät böte das kaum strategische Vorteile. Lediglich, um Spuren zu verwischen, käme ein solches Verhalten in Frage. Ansonsten hätte ein Angreifer kaum Gewinn davon. Viel ertragreicher wäre eine zielgerichtete Hardware-Manipulation. Diese könnte sein:

- Vernichtung von lokalen Speicherinformationen
- Manipulation von lokalen Daten (neben Löschen auch Verändern)
- Manipulation von Anwendungen (Deinstallieren, Einschleusen von Malware)
- Einrichten einer Hintertür zum späteren Zugriff auf angeschlossene Systeme.

Gerätemerkmale:

Im Grunde handelt es sich beim Ausspionieren bzw. Manipulieren von Gerätemerkmalen um eine Fortsetzung des Hardware-Angriffs. Zusätzliche Gefährdungen entstehen durch

- Vertauschen des echten gegen ein Dummy-Gerät mit identischen Merkmalen, um später an die Authentisierung zu gelangen. Danach stehen dann alle weiteren bereits beschriebenen Möglichkeiten offen.
- Einbringen von zusätzlichen Speichermedien, um Nutzungen aufzuzeichnen. Hierbei kann sich ein Nutzungsprofil ergeben, welches aus verschiedenen Gründen für den Spion interessant sein kann, aber auch die Kenntnisnahme von zusätzlichen Passwörtern für externe Anwendungen. Damit Gerätemanipulationen Erfolg haben, muss der Täter allerdings zurückkehren und durch einen möglichen weiteren Diebstahl an die Zusatzinformation gelangen bzw. einen Tausch rückgängig machen. Dieses ist eigentlich nur möglich bei systematischen Sicherheitslücken oder völlig sorglosem Umgang.

Infektion:

Hierbei geht es um das Einbringen von Schadsoftware (Malware) in ihrer unterschiedlichen Ausprägung (Viren, Würmer, Trojanische Pferde). Durch den Besitz des Gerätes entfällt der klassische Weg, eine Firewall oder einen Virenscanner innerhalb eines Kommunikationsnetzes überwinden zu müssen. Der Angreifer kann in Ruhe seinen Schädling einpflanzen. Beim nächsten Zugriff über WLAN oder durch Versenden von Nachrichten an E-Mail-Accounts gelangt dieser dann ins Netz der Organisation und kann sich dort ausbreiten.

4.3.3.2   Angreifer nicht im Besitz eines Endgerätes

Für den Angreifer ist diese Ausgangslage schwieriger. Ein technisch versierter Angreifer kann aber dennoch Schaden anrichten, indem er sich mit anderen Methoden über ein fremdes Gerät Zugang zu zentralen Anwendungen verschafft. Hier eine Zusammenfassung der Gefährdungsszenarien:

Angriffsziel Anwendungen:

- Ausspionieren von Daten
- Manipulation von Daten inklusive Löschen
- Informationen von Unternehmensprozessen erhalten
- Betriebssystemanalyse, Sicherheitseinstellungen
- Manipulation der Registry
- Einschleusen von Viren etc.

Angriffsziel Dienste und Betriebssystem:

- Hacking der Authentifizierung: durch Abhörtechniken des Funkverkehrs in den Besitz der Authentifizierungscodes gelangen
- Über Einschleichmethoden in Sessions eindringen; dann:
  - Betriebssystemanalyse, Sicherheitseinstellungen
  - Manipulation der Registry
  - Einschleusen von Viren etc.
- Denial-of-Service: durch massive Belastung des Servers, über welchen eingehende Nachrichten verarbeiten werden, das System wegen Überlast zum Stillstand bringen – eine beliebte Methode, um Internetseiten unverfügbar zu machen.

Durch akustisches oder elektronisches Abhören kann ein Angreifer in den Besitz wichtiger notwendiger Informationen gelangen, die ihm zunächst Zugang zum Betriebssystem und den dort gespeicherten Einstellungen verschaffen. Dazu gehören z. B.

- Authentisierungsparameter
- Zugangscodes zu Anwendungen
- Man-in-the-middle-Angriffe, um sich in Anwendungen einzuklinken, ohne identifiziert zu werden.

Über die Nutzung von Diensten stehen nun weitere Kanäle offen, um Schaden anzurichten.

Angriffsziel Kommunikation:

- Spoofing: alle Methoden, um an Authentifizierungscodes, Netzwerkprotokolle, Systemadressen zu kommen
- Man-in-the-middle-Tarnung: sich unbemerkt zwischen zwei Kommunikationspartner einzuschleusen, um auf diese Weise alle wichtigen Informationen zum Eindringen bzw. Ausspionieren zu erhalten

- Protokoll-Angriffe: Veränderung von Protokollen und Mappings, die Systeme untauglich machen
- Abhorchen, Sniffing
- Angriffssziel Infrastruktur:
- Diebstahl des Endgerätes
- Abhören des Datenverkehrs mit Rückschlüssen auf die Infrastruktur

DoS:

Ähnlich wie im Internet gibt es auch im Mobilfunkbereich die Möglichkeit, eine Denial-of-Service-Situation zu provozieren, indem durch Fluten des Geräts mit Datenpaketen oder Pufferüberläufen eine kontinuierliche Nutzung des Geräts verhindert wird. Die Kommunikation muss unterbrochen und neu gestartet werden, wobei Datenverluste unvermeidlich sind.

Kommunikation:

Unterschieden wird zwischen passiven und aktiven Aktivitäten. Zu den passiven gehören:

- Abhören
- Sniffing.

Die Möglichkeiten des Abhörens sind oben bereits erwähnt worden. Beim Sniffing unterscheidet man den legalen und vereinbarten Einsatz eines Netzwerk-Sniffers, der zur Analyse eines LANs oder WLANs eingesetzt wird. Für die Sicherheitsdiskussion interessant ist an dieser Stelle natürlich der Missbrauch. Passive Sniffer sind nicht in den Logdateien der angegriffenen Systeme nachweisbar. Abgefangen werden können

- Informationen über Access Points
- Datenverkehr
- Authentifizierungscodes.

Sniffer werden von Wardrivern eingesetzt.
   Zu den aktiven Angriffsvarianten sind zu rechnen:

- DoS (s. o.!)
- Man-in-the-Middle (s. o.!)
- Spoofing

Da mit Mobiltelefonen auch das Internet erreicht werden kann, ist Spoofing auch hier relevant. Unter Spoofing versteht man das Vortäuschen einer falschen Identität, z. B. einer Webseite, von der man glaubt, ihr vertrauen zu können – beispielsweise der Homepage einer Bank. Ein Angreifer versucht nun, über geschicktes Abfragen z. B. Informationen über Kontendaten zu erhalten.

Infrastruktur:
Die wesentliche Möglichkeit, auf die Infrastruktur eines Kommunikationsnetzwerkes Einfluss zu nehmen, ohne im Besitz eines Gerätes zu sein, besteht in der Störung der notwendigen Kommunikationsmöglichkeiten durch eine oder mehrere der oben genannten Maßnahmen. Indem ein Angreifer in den Besitz von Zugangscodes gelangt und sich in eine Session einschleichen kann, stehen ihm alle Möglichkeiten offen, Einfluss auf die Netzwerksicherheit und Verfügbarkeit zu nehmen.

4.3.4   Generelle Vorsichtsmaßnahmen

4.3.4.1   Daten
Die erste Regel lautet: nur das speichern, was absolut notwendig ist: viele Daten, die auf mobilen Geräten herumgetragen werden, sind nur von Nutzen im Büro, und dort sind sie häufig auf anderen Medien gespeichert. Je mehr Informationen nach draußen getragen werden, desto größer die Wahrscheinlichkeit, dass Unbefugte davon Kenntnis erhalten oder gar solche Daten zerstören oder manipulieren.

4.3.4.2   Datenverschlüsselung
Wenn es tatsächlich notwendig sein sollte, sensible Daten über öffentliche WLANs oder andere Protokolle zu übermitteln, sollten solche Daten nur verschlüsselt versendet werden. Wenn möglich, sollten auch geschäftliche (und private) E-Mail-Abfragen per Mobiltelefon über SSL-Verbindungen getätigt werden (Secure Sockets Layer). Hierbei wird überprüft, ob auf dem Berichtsserver, auf den zugegriffen werden soll, ein Sicherheitszertifikat hinterlegt worden ist.

4.3.4.3   Firewalls
Auch für Mobiltelefone gibt es mittlerweile die Möglichkeit, Firewalls einzurichten. Daneben gibt es weitere Schutzmöglichkeiten über Bluetooth (wird an dieser Stelle nicht weiter behandelt).

4.3.4.4   Verschlüsselung auf dem Gerät
Wenn möglich, sollten auch Daten, die lokal gespeichert sind, verschlüsselt sein.

4.3.4.5   Backup
Kritische Informationen sollten auf einem separaten Gerät oder Medium gesichert sein. Das wird seit den ersten Tagen der IT gefordert, ist aber immer noch nicht Standardreflex. Da die Diebstahls- oder Verlustwahrscheinlichkeit bei mobilen Geräten ungleich höher ist als in traditionellen Konfigurationen, ist ein solches Verhalten umso dringlicher geworden. Auch nach einem Diebstahl muss normal weiter gearbeitet werden können.

4.3.4.6   Gefährdung durch E-Commerce

Durch die Möglichkeiten der Internet-Nutzung oder der Verwendung von i-mode oder WAP sind ganz neue Gefährdungen aufgetaucht. Diese sind analog zu denen, wie sie z. B. beim Internet-Banking auch auftreten können: ein Angreifer kann mit technischen Mitteln Bankdaten ausspähen und später missbrauchen. Ohne Verschlüsselung sollte hier gar nichts laufen.

4.4   Checkliste – Mobiltelefone

Die Tab. 4.4 stellt noch einmal alle kritischen Checkpunkte für den Einsatz von Mobiltelefonen zusammen:

Tab. 4.4 Checkliste Mobiltelefone

Sind die Sicherheitszuständigkeiten in Ihrem Unternehmen geregelt (strategisch, organisatorisch, technisch)?	Die organisatorischen Sicherheitsmaßnahmen lassen sich unterscheiden nach allgemeinen organisatorischen Maßnahmen, technischen Maßnahmen im Rahmen der IT-Sicherheit, technischen Maßnahmen bezüglich der Kommunikation.
	Ungeregelte Zuständigkeiten im Sicherheitsbereich gefährden einen geregelten Betrieb.
Enthalten die Sicherheitsrichtlinien einen Maßnahmenkatalog für Sicherheitsvorfälle?	Je nach Sicherheitsvorfall greifen unterschiedliche Maßnahmen.
	Eine Maßnahmenklassifizierung sollte unbedingt erfolgen.
Ist die Nutzung von Mobiltelefonen geregelt?	Neben den bereits vorhandenen Gefährdungspotenzialen im WLAN sind zum Teil völlig neuartige durch Mobiltelefone aufgetreten.
	Ein ungeregelter Betrieb von Mobiltelefonen stellt ein unzulässiges Gefahrenpotenzial dar.
Gibt es einen generellen Sicherheitscheck für Mobiltelefone?	Um dem gesamten Gefährdungspotenzial zu begegnen, sollte in zeitlichen Abständen eine Gefährdungsanalyse durchgeführt werden
	Ein Sicherheitscheck dokumentiert Verbreitung und Nutzung von mobilen Endgeräten in einer Organisation.
Sind private Mobiltelefone im Einsatz?	Aus Kostengründen oder für freie Mitarbeiter werden gelegentlich private Mobiltelefone zugelassen.
	Bei gleichzeitiger privater Nutzung versagen Kontrollmechanismen.
Sind Firmen eigene Mobiltelefone im Einsatz?	In der Regel stellen Unternehmen Ihren Mitarbeitern eigene Mobiltelefone zur Verfügung.

Tab. 4.4 (Fortsetzung)

Werden Mobiltelefone ausschließlich für Sprache eingesetzt?	Sprache ist der normale Einsatzbereich für Mobiltelefone.
Werden über Mobiltelefone auch Daten übertragen?	Es gibt unterschiedliche Möglichkeiten des Datentransfers durch Mobiltelefone.
	Bei der Übertragung von vertraulichen Daten müssen besondere Sicherheitsmaßnahmen greifen.
Werden Mobiltelefone für WLAN eingesetzt?	Besonders ertüchtigte Mobiltelefone erlauben Verbindungen zu WLANs (Standarderweiterung HSDPA).
Werden Mobiltelefone dienstlich auch außerhalb der Organisation genutzt?	In der Regel werden Mobiltelefone außerhalb der Organisation genutzt.
	Die Nutzung außerhalb der Organisation sollte über Richtlinien geregelt sein.
Sind Fernzugriffe auf zentrale Anwendungen häufig erforderlich?	Mobile Mitarbeiter benötigen Fernzugriffe.
	Für regelmäßige Fernzugriffe auf Anwendungen sollte ein separates Sicherheitskonzept erstellt werden.
Arbeiten viele Mitarbeiter außerhalb mit Mobiltelefonen?	In bestimmten Organisationsstrukturen (z. B. Außendienst, Montage) sind alle Mitarbeiter mit mobilen Geräten ausgestattet.
	Für regelmäßige Fernzugriffe auf Anwendungen sollte ein separates Sicherheitskonzept erstellt werden.
Ist Nutzung von Mobiltelefonen außerhalb der Organisation restriktiv geregelt?	Die Nutzung sollte durch entsprechende Richtlinien geordnet sein.
	Die Nutzung von Firmen eigenen Mobiltelefonen sollte nicht den Entscheidungskriterien der User überlassen sein.
Ist die Nutzung von Mobiltelefonen in Hotels erlaubt?	Hotels sind „unsichere Bereiche" bzgl. Kommunikationssicherheit.
	Wichtig ist der Abhörschutz durch geeignete Verhaltensweisen.
Werden Mobiltelefone auch von Lokalitäten der Geschäftspartner aus genutzt?	Lokalitäten von Geschäftspartnern sind „unsichere Bereiche" bzgl. Kommunikationssicherheit.
	Wichtig ist der Abhörschutz durch geeignete Verhaltensweisen.
Sind Sicherheitsrichtlinien zur WLAN-Nutzung dokumentiert?	Die Sicherheitsrichtlinien sind eigenständiges Teilgebiet der Unternehmens-IT-Sicherheitsstrategie. Sie sollten so auch entsprechend dokumentiert werden.

Tab. 4.4 (Fortsetzung)

	Ohne ausreichende Dokumentation ist die Sicherheit von WLAN-Anwendungen gefährdet.
Sind Regeln zur Verteilung und Berechtigung für Mobiltelefone aufgestellt?	Solche Regeln sind in Richtlinien festzuhalten.
	Fehlende Regularien führen zu unkontrolliertem Wildwuchs.
Gibt es abgestimmte Auswahlkriterien für die Beschaffung dieser Endgeräte?	Anhand eines Kriterienkatalogs kann der Markt sondiert werden. Besondere Aufmerksamkeit haben dabei die Sicherheitsaspekte.
	Der Beschaffung sollte ein entsprechender Kriterienkatalog an die Hand gegeben werden.
Existiert ein Berechtigungskonzept für Anwendungen?	Ein Berechtigungskonzept ist selbstverständlicher Teil der Unternehmenssicherheit.
	Ohne Berechtigungskonzept sind alle Anwendungen ungeschützt.
Sind die Anwendungen durch ein Passwort geschützt?	Individuelle Anwendungen können durch Passwörter geschützt werden.
	Ohne Passwortschutz stehen alle Anwendungen allen Zugriffen offen.
Gibt es eine Passwort-Wechselstrategie?	Die Wechselstrategie beinhaltet die Wechselfrequenz und das Passwortformat.
	Der Passwortwechselmodus sollte nicht den Entscheidungen von Usern überlassen werden.
Gibt es einen festgelegten Passwort-Wechselzyklus?	Für den Schlüsselwechsel sollte ein zeitlicher Plan vorliegen. Der Wechsel sollte im Monatsrhythmus, allerhöchstens im Vierteljahresrhythmus erfolgen.
	Passwörter, die selten gewechselt werden, sind von außen leicht zu ermitteln.
Sind komplexe Passwortstrukturen vorgegeben?	Die Sicherheit von Passphrasen hängt von ihrer Länge und Zeichenkombination ab.
	Passwörter sollten neben alphabetischen Zeichen auch Sonderzeichen und z. B. Groß- und Kleinschreibung enthalten.
Gibt es Alarmmechanismen bei Sicherheitsvorfällen?	In den Organisationen sollte ein eigener Alarmierungsprozess aufgesetzt werden.
	Ohne vereinbarten Alarmierungsmechanismus entsteht nur unkoordinierter Aktivismus.
Sind Kontrollmechanismen im Einsatz bzgl. der Nutzung privater Endgeräte im Unternehmen?	Die Nutzung privater Endgeräte im Unternehmens-WLAN sollte bestimmten Kontrollmechanismen unterliegen.

Tab. 4.4 (Fortsetzung)

	Bei fehlenden Kontrollmechanismen steigt die Wahrscheinlichkeit unbefugter Nutzung.
Werden die Endgeräte inventarisiert?	Der IT-Sicherheitsbeauftragte zusammen mit dem IT-Management ist verantwortlich für die Dokumentation der vorhandenen Infrastruktur.
	Die IT-Sicherheit sollte jederzeit auskunftsfähig sein bzgl. der Geräte im Einsatz und der zugehörigen Nutzer.
Werden Synchronisationsprogramme und Kommunikationsprotokolle regelmäßig aktualisiert?	Diese Software-Komponenten sind auf dem aktuellsten Stand zu halten, damit einerseits fortgesetzte Kompatibilität gewährleistet ist, und andererseits der Support durch die Lieferanten gewährleistet bleibt.
	Aktuelle Software enthält in der Regel auch die neuesten Sicherheitsfeatures.
Erfolgt eine Auswertung des Loggings, um Zugriffe zu kontrollieren?	Eine entsprechende Management Plattform ermöglicht User Logging, Authentifizierung und Analyse.
	In den Logfiles werden auch Zugriffsversuche durch nicht-autorisierte Personen registriert.
Wird die Infrastruktur regelmäßig überprüft?	Dazu gehört neben der körperlichen Inspektion auch die Überprüfung der entsprechenden Kommunikationsprotokolle und –logdateien.
	Ohne Kenntnis der aktuellen Infrastruktur lassen sich keine Sicherheitsmaßnahmen zuordnen.
Werden Betriebssysteme und Hardware regelmäßig auf den letzten Stand gebracht?	Updates und Upgrades bringen die neuesten Standards von Sicherheit mit.
	Beim Zurückbleiben in den Soft- und Hardwareständen verfällt unter Umständen die Gewährleistung.
Sind Schutzmaßnahmen gegen Abhören getroffen?	Nur ein Zusammenspiel von organisatorischen und technischen Maßnahmen kann das Gesamtrisiko minimieren.
	Abhören von Sprachkommunikation ist die einfachste Methode, um an vertrauliche Informationen zu kommen.
Werden regelmäßig Einzelverbindungsnachweise analysiert?	Einzelverbindungsnachweise weisen unbefugte Nutzung aus.
	Einzelverbindungsnachweise sollten standardmäßig angefordert und ausgewertet werden.
Wird ein Gerät von mehreren Usern verwendet?	Manche Unternehmen ermöglichen aus Kostengründen die Nutzung durch wechselnde User.

Tab. 4.4 (Fortsetzung)

	Wechselnde User erschweren die Durchsetzung von Kontrollmechanismen.
Befindet sich lediglich eine SIM-Karte im Besitz eines Users?	Einzelne User können mit einer SIM-Karte statt mit einem fest zugeordneten Mobiltelefon ausgestattet sein.
	SIM-Karten können eher verlustig gehen. Außerdem besteht kaum Kontrolle über das Endgerät, auf dem sie eingesetzt werden.
Ist eine SIM-Kartenverwaltung vorhanden?	SIM-Karten sollten inventarisiert sein.
	Nur eine Inventarisierung ermöglicht eine Zuordnung zu einem User.
Ist GSM im Einsatz?	GSM ist der weitest verbreitete Mobilfunkstandard.
Ist UMTS im Einsatz?	UMTS ermöglicht zusätzliche Funktionen, die GSM nicht bietet (z. B. MMS).
	Einige Zusatzfunktionen bei UMTS bilden weitere Sicherheitsrisiken.
Haben Mobiltelefone Zugriff auf E-Commerce-Anwendungen?	Über unterschiedliche Protokolle (Internet, WLAN) lassen sich E-Commerce-Transaktionen ausführen.
	E-Commerce-Transaktionen müssen gegen Ausspionieren geschützt sein (Verschlüsselung).
Werden lokale Anwendungen auf Mobiltelefonen ausgeführt?	Office und andere Anwendungen lassen sich installieren oder aktivieren.
	Lokale Anforderungen können eine zusätzliche Quelle für Viren sein.
Existiert ein Freigabeverfahren für Anwendungen auf Endgeräten?	Nur für den Unternehmensgebrauch benötigte und entsprechend zertifizierte Software darf auf Mobiltelefonen zum Einsatz kommen.
	Private Anwendungen haben nichts auf den Geräten zu suchen.
Werden lokal Geschäftsdaten gespeichert?	Für bestimmte Anwendungen müssen lokal Daten vorgehalten werden.
	Lokale Geschäftsdaten sollten auf ein Minimum beschränkt werden.
Werden nur die notwendigsten Daten lokal vorgehalten?	Für bestimmte Anwendungen müssen lokal Daten vorgehalten werden.
	Minimum und Maximum erlaubter Daten sollte zentral festgelegt werden.
Sind lokale Speichererweiterungen zugelassen?	Speichererweiterungen ermöglichen den Upload z. B. von Kalkulationstabellen und anderen Daten.

Tab. 4.4 (Fortsetzung)

	Speichererweiterungen ermöglichen auch den Upload von unerwünschten Anwendungen.
Existiert Zugriff auf zentrale Datenbanken?	Über dezentrale Fernzugriffe besteht die Möglichkeit, zentrale Datenbanken mit vertraulichen Informationen anzuzapfen.
	Der Zugriff auf zentrale Datenbanken muss über gesonderte Sicherheitsmaßnahmen geregelt werden (Verschlüsselung).
Werden regelmäßig Backups von den lokalen Daten gezogen?	Backups sind wichtig bei Verlust oder Diebstahl eines Geräts.
	Ohne Backup müssen verlorene Informationen wieder mühsam manuell nachgestellt werden.
Werden die Daten verschlüsselt?	Verschlüsselung von Daten und Speichermedien ist ein grundlegender Bestandteil der Sicherheitsstrategie.
	Unverschlüsselte Daten lassen sich ohne große Mühe ausspionieren.
Ist SMS-Verkehr zugelassen?	Mit SMS können Kurznachrichten (160 Zeichen) übermittelt werden.
	SMS-Nachrichten sollten keine vertraulichen Informationen enthalten.
Ist EMS-Verkehr zugelassen?	EMS erlaubt den Versand längerer Nachrichten durch Aneinanderreihung mehrere SMS.
	EMS-Nachrichten sollten keine vertraulichen Informationen enthalten.
Ist MMS-Verkehr zugelassen?	Über MMS können Fotos und Videos verbreitet werden.
	MMS-Nachrichten können Virenanhänge enthalten.
Wird i-mode verwendet?	i-mode ist ein Internetzugang per Mobilfunk.
	Internetzugang sollte besonders gesichert sein.
Ist WAP-Technologie im Einsatz?	WAP steht für Wireless Application Protocol. Dieser Dienst ermöglicht die Übertragung von Internet-Informationen.
	Internetzugang sollte besonders gesichert sein.
Ist Internet-Zugang über Mobiltelefone erlaubt?	Die Möglichkeiten der Internetnutzung sollten per Richtlinie geregelt sein.
	Internetzugang sollte besonders gesichert sein.
Wird auf UMA-Technologie zurückgegriffen?	UMA ermöglichte den Zugriff von Mobiltelefonen auf WLANs.

Tab. 4.4 (Fortsetzung)

	UMA-Technologie ermöglicht die Zusammenführung von Sprache und WLAN.
Ist in der Organisation eine Integration von WLAN und Sprache realisiert?	Die Integration von Sprache und WLAN bedeutet auch die Integration Sprache und Daten.
	Die Zusammenführung von Sprache und Daten stellt eine besondere Herausforderung an Sicherheitsmaßnahmen dar.
Ist VoIP mittels WLAN im Einsatz?	Über WLANs lassen sich auch VoIP-Strategien ermöglichen.
	Damit sind Zugriffe über Access Points und Hot Spots möglich.
Sind die E-Mail-Funktionen für Handhelds definiert?	Die Account-Strukturen sollten zentral vorgegeben werden.
	Zu prüfen sind die Möglichkeiten der Verschlüsselung.
Sind die zentralen Anwendungen über Firewalls abgesichert?	Firewalls sind unabdingbare Voraussetzung für die sichere Nutzung eines jeden Netzes.
	Ohne Firewalls sollten keine Kommunikationssysteme in Betrieb gehen.
Sind die zentralen Zugänge über Virenscanner abgesichert?	Virenscanner sollten zum Standard gehören.
	Ohne Virenscanner sollten keine Kommunikationssysteme in Betrieb gehen.
Werden BlackBerries für Mobilfunktelefonie zugelassen?	BlackBerries haben eine eigenständige Sicherheitsarchitektur.
Gibt es Regeln für die Nutzung von BlackBerries?	Die Nutzung sollte per Richtlinie geregelt sein.
	BlackBerries erfordern gesonderte Sicherheitsmaßnahmen.
Gibt es die Möglichkeit, am Server vorbei unverschlüsselt zu senden?	Theoretisch gibt es die technische Möglichkeit, unverschlüsselt Nachrichten zu übermitteln.
	Es dürfen keine unverschlüsselten Nachrichten am Server vorbei verschickt werden.
Wird die Möglichkeit „confirm on send" genutzt?	Dies ist eine zusätzliche Bestätigung, die verhindern kann, dass versehentlich unverschlüsselte oder vertrauliche Informationen an den falschen Empfänger geschickt werden.
	Die Möglichkeit „confirm on send" sollte möglichst genutzt werden.
Ist die Weiterleitung deaktiviert?	Durch Deaktivierung der Weiterleitungsfunktion wird die Verbreitung von Viren erschwert.

Tab. 4.4 (Fortsetzung)

	Es ist zu prüfen, ob die Deaktivierung der Weiterleitung fallweise sinnvoll und möglich ist.
Ist die Funktion PIN Messaging deaktiviert?	PIN Messaging ermöglicht den Nachrichtenversand am BlackBerrie Enterprise Server vorbei.
	PIN-Messaging sollte auf „off" gesetzt werden.
Ist die Funktion SMS deaktiviert?	Für BlackBerries lassen sich die SMS-Funktionalitäten abstellen.
	Es ist zu prüfen, ob die Deaktivierung von SMS fallweise sinnvoll und möglich ist.
Ist die Funktion MMS deaktiviert?	Für BlackBerries lassen sich die MMS-Funktionalitäten abstellen.
	Es ist zu prüfen, ob die Deaktivierung von MMS fallweise sinnvoll und möglich ist.
Ist S/MIME im Einsatz?	S/MIME ist ein Sicherheitspaket, das zusätzlichen Verschlüsselungsschutz bietet.
	Für hochsensible Anwendungen sollte diese zusätzliche Investition getätigt werden.
Sind Smartphones zugelassen?	Smartphones sind Weiterentwicklungen von normalen Mobiltelefonen, die zu einer Integration von umfassenden Mobilfunkdiensten und PDA-Funktionalitäten geführt haben.
	Smartphones sind nicht geeignet als drahtlose Endgeräte für zentrale Anwendungen.
Sind iPhones zugelassen?	iPhone ist ein Produkt der Fa. Apple. Neben seinen klassischen Funktionalitäten als Telefon besteht seine Hauptattraktivität in der Unterstützung medialer Dienste.
	iPhones sind nicht geeignet als drahtlose Endgeräte für zentrale Anwendungen.
Darf die Digitalkamera genutzt werden?	Viele Mobiltelefone besitzen eine Digitalkamera.
	Die Digitalkamera sollte nur zur firmenspezifischen Dokumentation verwendet werden.
Ist die Nutzung von MP3-Playern erlaubt?	Viele Mobiltelefone haben MP3-Funktionalitäten integriert.
	MP3-Funktionalitäten erlauben den Download von Dateien, die auch Viren enthalten können.

5.1 Einleitung

Im Folgenden wird der Kommunikationsstandard im engen Nahbereich, Bluetooth, vorgestellt. Es wird zunächst Bezug genommen auf die technischen Grundlagen wie Protokolle und Systemtopologien. Danach folgen Hinweise bzgl. Einrichtung und Konfiguration. Schließlich wird ein Blick in die aktuelle Weiterentwicklung und die Zukunft dieser Technologie getan.

5.2 Technische Grundlagen

Zu den technischen Grundlagen von Bluetooth gehören insbesondere

- Protokolle und
- Systemtopologien.

Die Protokolle unterliegen – wie in anderen drahtlosen Kontexten auch – kontinuierlichen Weiterentwicklungen. Das soll im folgenden Unterabschnitt nachvollzogen werden. Dem entsprechend gestalten sich danach die Möglichkeiten der Netzwerkbildung.

5.2.1 Protokolle

Im Jahre 1998 wurde die Bluetooth Special Interest Group (SIG) gegründet mit dem Ziel, einen verbindlichen Kommunikationsstandard für sehr kurze Distanzen zu entwickeln. Ein Jahr später lag der Standard 1.0a vor, Ende desselben Jahres bereits die Version 1.0b.

© Springer-Verlag GmbH Deutschland, ein Teil von Springer Nature 2018

W. W. Osterhage, *Sicherheitskonzepte in der mobilen Kommunikation*,

https://doi.org/10.1007/978-3-662-57903-9_5

Anfang 2001 erschien dann Version 1.1 – als erster brauchbarer Marktstandard. Es folgten Bluetooth 2.0 (2004) und 2.1 + EDR (Enhanced Data Rate) (2007). Die Version 3.0 + HS (High Speed) stellte einen zusätzlichen Kanal für WLAN-Nutzung zur Verfügung (2009). 3.0 war auch mit Enhanced Data Rate (EDR) verfügbar.

Der Standard 4.0, auch Bluetooth Low Energy, dessen Spezifikationen in 2009 verabschiedet wurden, und der erstmalig Ende 2010 auf den Markt kam, ist nicht abwärtskompatibel mit den Vorläufer-Versionen. Seine wichtigsten Vorteile sind:

- Reduzierung des Stromverbrauchs (wichtig für Smartphones)
- Verbindungsaufbau in weniger als 5 Millisekunden
- Verbindung bis zu 100 m.

Die verbesserten Versionen, insbesondere, was Sicherheit betrifft, erschienen 2013 (4.1) und 2014 (4.2 Smart).

Version 5.0 wird weiter unten in einem gesonderten Abschnitt behandelt.

In der Abb. 5.1 ist der Protokoll-Aufbau von Bluetooth dargestellt:

Neben den üblichen Kommunikationselementen ist hier besonders auf die im Link Manager Protocol (LMP) gelagerten Sicherheitschecks hinzuweisen.

Die übrigen Abkürzungen bedeuten:

- IP: Internet Protocol
- L2CAP: Logical Link Control and Adaptation Protocol
- OBEX: Object Exchange Protocol
- PPP: Point-to-Point Protocol
- RFCOMM: Radio Frequency Communications
- SDP: Service Discovery Protocol

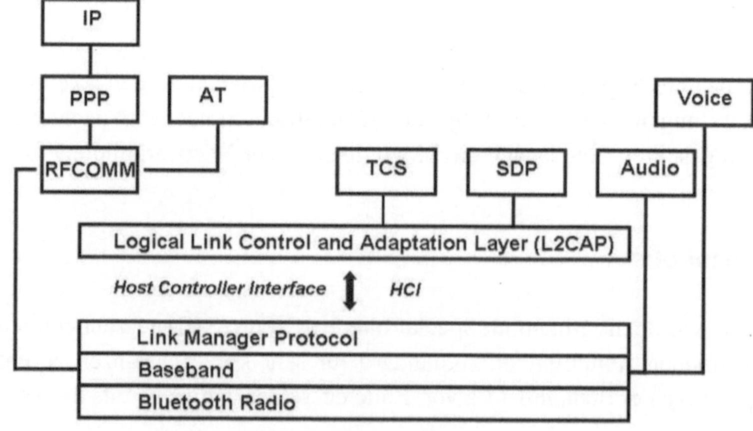

Abb. 5.1 Protokoll-Aufbau Bluetooth

- TCS: Telephony Control Specification
- Cal: Calendar
- WAE: Wireless Application Environment
- WAP: Wireless Application Protocol

Die folgende Tab. 5.1 listet die Bluetooth-Versionen mit ihren Leistungsmerkmalen: Außerdem unterscheidet man unabhängig davon drei Leistungsklassen (s. Tab. 5.2): Bluetooth Protokolle eignen sich zur Datenübertragung über kurze Distanzen für

- Mobiltelefone
- Mäuse
- Laptops
- PDAs
- Drucker
- Digitalkameras
- Videokameras
- Web-Pads
- Lautsprecher
- Fernsehgeräte
- Kopfhörer
- Freisprecheinrichtungen

und andere ähnliche Geräte.

(Mittlerweile hat Bluetooth auch Eingang in die Unterhaltungs- und Spielzeugbranche gefunden; diese Anwendungen sollen hier nicht weiter betrachtet werden).

Tab. 5.1 Bluetooth-Versionen

Version	Übertragungsrate
1.0	732,2 Kbit/s
1.1	732,2 Kbit/s
1.2	732,2 Kbit/s
2.0 + DER	2,1 Mbit/s
2.1 + DER	2,1 Mbit/s
3.0	24 Mbit/s

Tab. 5.2 Bluetooth Leistungsklassen.

Klasse	Leistung in mW	Reichweite in m
1	100	100
2	2,5	10
3	1	1

Ein besonderes Feature besteht in der Möglichkeit, bestimmte Nutzungsprofile einzurichten, über die der Datenaustausch stattfinden soll. Diese Profile teilen den kommunizierenden Geräten mit, welche Dienste beansprucht werden. Die folgende Tab. 5.3 liefert eine Auswahl solcher Profile:

Tab. 5.3 Bluetooth-Profile

Abkürzung	Bedeutung	Nutzung
A2DP	Advanced Audio Distribution Profile	Streaming von Audiodaten
AVRCP	Audio Video Remote Control Profile	Fernbedienung für Audio/Video
BIP	Basic Imaging Profile	Übertragung von Bilddaten
BPP	Basic Printing Profile	Drucken
CIP	Common ISDN Access Profile	ISDN-Verbindungen über CAPI
CTP	Cordless Telephony Profile	schnurlose Telefonie
DIP	Device ID Profile	
DUN	Dial-up Networking Profile	Internet-Einwahlverbindung
ESDP	Extended Service Discovery Profile	erweiterte Diensterkennung
FAX, FAXP	FAX Profile	Faxen
OBEX-FTP	File Transfer Profile	Dateiübertragung
GAP	Generic Access Profile	Zugriffsregelung, Basisprofil
GAVDP	Generic AV Distribution Profile	Übertragung von Audio-/Videodaten
GOEP	Generic Object Exchange Profile	Objektaustausch
HCRP	Hardcopy Cable Replacement Profile	Druckanwendung
HDP	Health Device Profile	sichere Verbindung zwischen medizinischen Geräten
HFP	Hands Free Profile	schnurlose Telefonie im Auto
HID	Human Interface Device Profile	Eingabe – aus der USB-Spezifikation übernommen.
HSP	Headset Profile	Sprachausgabe per Headset
ICP, INTP	Intercom Profile	Sprechfunk
LAP	LAN Access Profile (nur Version < 1.2)	PPP-Netzwerkverbindung (neu siehe PAN)
MAP	Message Access Profile	Nachrichtenaustausch zwischen Geräten
OBEX	Object Exchange	generische Datenübertragung zwischen zwei Geräten

Tab. 5.3 (Fortsetzung)

Abkürzung	Bedeutung	Nutzung
OPP	Object Push Profile	Senden von einzelnen Dateien (Bilder, Lieder, Visitenkarten, Termine)
PAN	Personal Area Networking Profile	Netzwerkverbindungen
PBA, PBAP	Phonebook Access Profile	Zugriff auf Telefonbuch (nur lesend)
RS-232	Serial Port Profile	Virtuelle serielle Schnittstelle
SAP, SIM, rSAP	SIM Access Profile	Zugriff auf SIM-Karte (auch rSAP wegen engl. remote)
SCO	Synchronous Connection-Oriented link	Zugriff sowohl auf das Mikrofon als auch auf den Ohrhörer eines Headsets
SDAP	Service Discovery Application Profile	Ermittlung vorhandener Profile
SPP	Serial Port Profile	serielle Datenübertragung
SYNCH, SYNC	Synchronisation Profile	Datenabgleich
VDP	Video Distribution Profile	Übertragung von Videodaten
WAPB	Wireless Application Protocol Bearer	

5.2.2 Systemtopologie

5.2.2.1 Übertragung

Bluetooth verwendet einen Frequenzbereich zwischen 2400 und 2480 MHz. Zudem ist eine funktechnische Anbindung an Festnetztelefonie möglich. Insgesamt stehen zwei unterschiedliche Datenkanäle zur Verfügung:

- synchron (SCO) für Sprache und
- asynchron (ACL) für alle anderen Datenarten

Das Netzwerk, innerhalb dessen Bluetooth-Geräte kommunizieren, nennt sich Piconet. Ein solches Piconet wird durch die beteiligten Geräte selbst aufgebaut. Die Anzahl Geräte, die in einem solchen Netz zusammengeschlossen werden können, beträgt theoretisch 255 – allerdings können gleichzeitig nur acht Geräte aktiv sein. Dazu muss jeweils ein Gerät als Master fungieren, der dann bis zu sieben Slaves steuert. Daneben kann ein und dasselbe Bluetooth-Gerät gleichzeitig in mehreren Piconets angeschlossen sein – solange es nicht als Master fungiert (s. a. die Abb. 5.2 und 5.3):

Abb. 5.2 Piconet

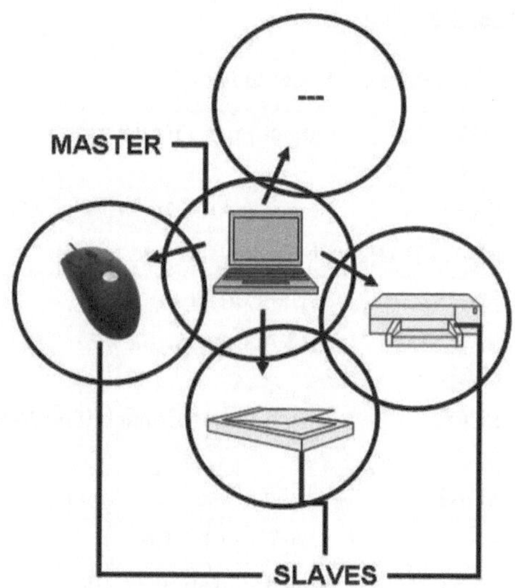

Abb. 5.3 Ein Gerät in mehreren Piconets

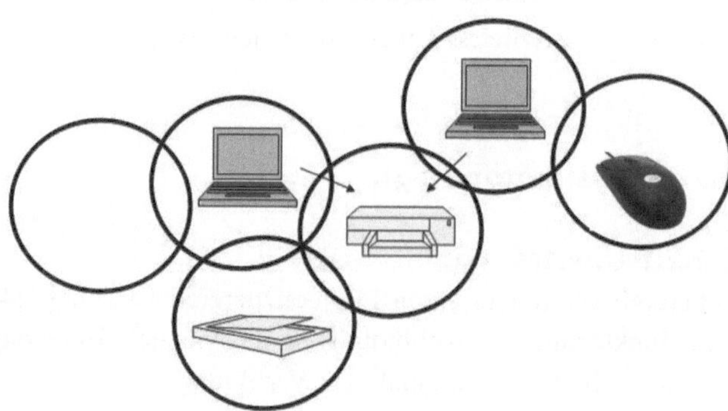

Abb. 5.4 Verbindungsaufbau

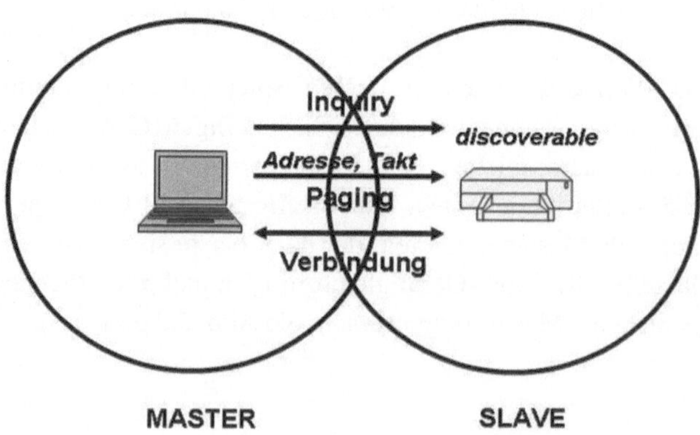

Jedes Bluetooth-Gerät besitzt eine Device Address (Geräteadresse) von 48 Bit Länge. Ein Bluetooth-Gerät polled seine Umgebung (Inquiry) ständig, ob sich innerhalb seiner Reichweite ein anderes Bluetooth-Gerät befindet, das kommunizieren möchte. Werden Geräte erkannt, kann eine sogenannte Paging-Aufforderung initialisiert werden, um eine konkrete Verbindung aufzubauen. Das Paging-Gerät fungiert dann als Master und gibt seine Adresse bekannt. Innerhalb eines Piconets können über Punkt-zu-Punkt-Verbindungen hinaus auch 1-zu-n-Verbindungen hergestellt werden.

Ein Verbindungsaufbau (s. Abb. 5.4) kann erst entstehen, wenn das Gerät in Betrieb ist. Dann wird diese Geräte-Adresse alle zwei Sekunden ausgestrahlt. Gleichzeitig sucht das Gerät nach anderen Geräten im Sendebereich in Abständen von bis zu 5,6 Sekunden („inquiry"). Dazu muss die Suchfunktion am Gerät aktiviert sein. Das Gerät, von dem die Verbindung ausgeht, wird bei erfolgter Verbindung zum Master.

Das Master-Gerät sendet nun an den oder die Slaves per „paging" seine Adresse und seinen Zeittakt. Erst danach ist die Verbindung als solche etabliert.

5.3   Version 5.0

Hier die wesentlichen Verbesserungen von Bluetooth V 5.0, die im Dezember 2016 veröffentlicht wurde, gegenüber den Vorläufern:

- größere Reichweite (bis zu 200 m)
- höhere Datenrate (2 Mbit/s)
- Energie effizienter (für die Variante BLE: Bluetooth Low Energy).

Mit Bluetooth V 5.0 werden auch die Leistungsklassen neu definiert (s. Tab. 5.4).

Wird allerdings ein Fehlerkorrekturmodus angewendet, kann die Datenrate auch auf 500–125 Kbit/s abfallen. Der Stromsparmodus geschieht einerseits durch Vergrößerung der Zeitintervalle zwischen den Paging-Rufen, andererseits durch das „Beipacken" von Nutzerdaten mit den Pagingrufen, ohne dass zunächst eine dauerhafte Verbindung zu einem anderen Gerät erforderlich ist.

Tab. 5.4 Leistungsklassen in V 5.0

Klasse	Leistung in mW
1	100
1.5	10
2	2,5
3	1

5.4   Sicherheitsaspekte bei Bluetooth

Wie andere Kommunikationsprotokolle ist Bluetooth natürlich ebenfalls anfällig für Angriffe von außen. Diese Gefährdungen sind teilweise identisch wie wir sie vom WLAN her kennen, teilweise spezifisch, da sie von der Bluetooth-Technologie bestimmt werden. Im Folgenden werden zunächst die dem Bluetooth eigenen Sicherheitsmechanismen, die standardmäßig vorhanden sind, betrachtet. Demgegenüber werden dann die allgemeinen und konkreten Gefährdungspotenziale identifiziert, bevor wir uns den erforderlichen Gegenmaßnahmen zuwenden, die solche Gefährdungen neutralisieren helfen.

5.4.1   Instrumente

Bluetooth verwendet verschiedene systemspezifische und sicherheitstechnische Einstellungen und Möglichkeiten. Dazu gehören:

- Sicherheitsbetriebsarten
- Kryptografische Mechanismen
- Authentisierung und
- Verschlüsselung.

5.4.1.1 Sicherheitsbetriebsarten

Bluetooth bietet unterschiedliche Betriebsarten an. Diese repräsentieren unterschiedliche Sicherheitsstufen. Es werden unterschieden:

- Modus 1 (non secure): keine speziellen Sicherheitsmaßnahmen, keine Authentifizierung erforderlich
- Modus 2 (Service Level Security): Sicherheitsmechanismen auf Dienstebene
- Modus 3 (Link Level Security): Sicherheitsmechanismen auf der Verbindungsebene – kryptografisch (Authentisierung) und/oder Datenverschlüsselung

5.4.1.2 Kryptografische Mechanismen

Grundlage des kryptografischen Verfahrens sind Verbindungsschlüssel in Zusammenhang mit dem sogenannten Pairingverfahren zwischen zwei Geräten. Dieser Verbindungsschlüssel (Länge 128 Bit) setzt sich zusammen aus einer Kombination der Geräteadressen und einer Zufallszahl für jedes Gerät. Dabei werden die generierten Zufallszahlen auf das jeweils andere Gerät übertragen. Um diese Übertragung sicher zu gestalten, wird ein Initialisierungsschlüssel benötigt, der sich aus folgenden Elementen zusammensetzt (s. Abb. 5.5):

Abb. 5.5 Kombinations-schlüssel

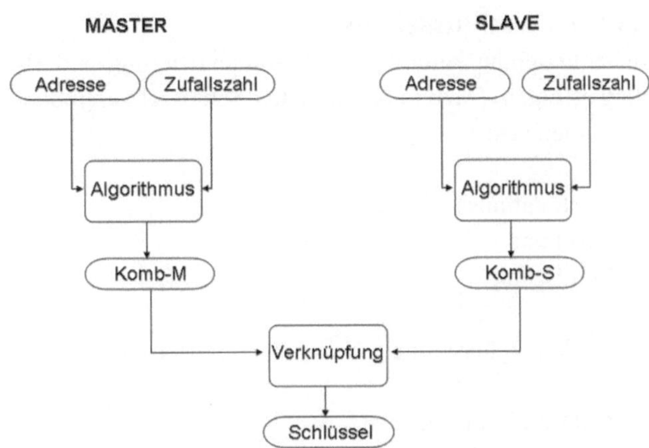

- Weitere Zufallszahl
- Adresse eines der beteiligte Geräte
- PIN.

Die PIN muss für beide Geräte identisch sein (bis zu 16 Byte lang).

5.4.1.3 Authentisierung

Die Authentisierung erfolgt (einseitig initialisiert) von Gerät zu Gerät (Punkt-zu-Punkt). Hierbei greift folgender Automatismus (s. Abb. 5.6):

- Authentifizierer sendet Zufallszahl an Authenthisierer.
- Authentisierer berechnet aus Zufallszahl, Kombinationsschlüssel und eigener Geräte-adresse eine Antwort (32 Bit).
- Authentisierer schickt Antwort an Authentifizierer.
- Authentifizierer führt die gleiche Berechnung bei sich durch.
- Bei identischen Rechenergebnissen erfolgt die gewünschte Verbindung.

Abb. 5.6 Bluetooth Authentisierungsverfahren

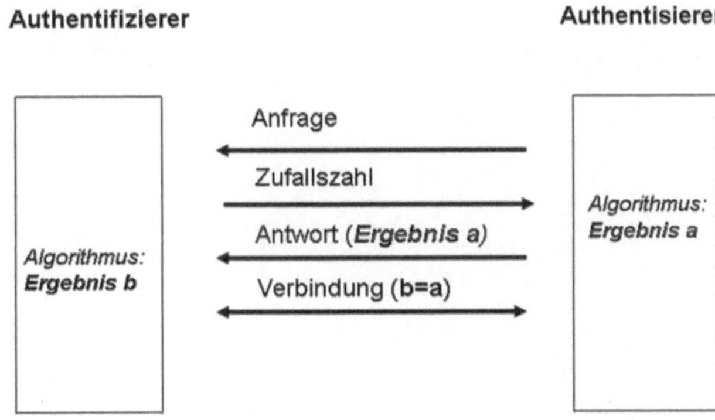

5.4.1.4 Verschlüsselung

Verschlüsselung kann erst nach Authentisierung und Herstellung einer stabilen Verbindung erfolgen. Dazu muss ein neuer Schlüssel vereinbart werden (Abb. 5.7). Er setzt sich zusammen aus:

- Kombinationsschlüssel,
- Offset und
- Zufallszahl.

Für die Verschlüsselung werden zwei Betriebsarten angeboten:

- Punkt-zu-Punkt oder
- Punkt-zu-Mehrpunkt (Master zu mehreren Slaves im Piconet).

Die Verschlüsselung wird lediglich für den Datentransport selbst über eine Stromchiffre hergestellt aus:

- Geräteadresse
- Verschlüsselungsschlüssel
- Zeittakt des Masters.

Die Verschlüsselung auf den Endgeräten ist davon unbenommen.

Abb. 5.7 Bluetooth Verschlüsselung

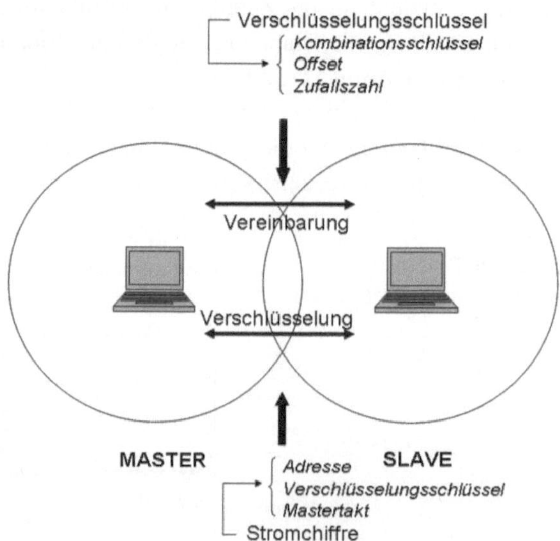

5.4.2 Gefährdungspotenziale

Die Gefährdung des Bluetooth-Traffics, der zugehörigen Endgeräte und Anwendungen deckt sich teilweise mit denen, die aus der WLAN- bzw. Mobilfunknutzung bekannt sind. Es kommen aber noch zusätzliche Quellen hinzu, die mit dem Bluetooth-Betrieb und seinen Sicherheitsmechanismen zusammen hängen. Im Einzelnen handelt es sich um folgende Problemfelder:

- Man-in-the-Middle Attacken:
  Jemand schaltet sich unbemerkt zwischen zwei kommunizierende Geräte. Das wird erleichtert, wenn keine Datenverschlüsselung im Einsatz ist.
- PINs:
  Das Hauptproblem besteht darin, keine einfach zu erratenden PINs zu benutzten.
- Tracking:
  Bei eingeschalteten Geräten und aktiver Inquiry sind diese wegen des Such-Vorgangs leicht zu orten.
- DoS-Attacke:
  Durch intensiven Versand von ungewünschten Informationen an immer die gleiche Adresse kann ein Gerät komplett blockiert werden.
- Ausspähen von Daten auf Endgeräten:
  Nach erfolgreichem Ausspähen können lokale Daten gelesen, manipuliert oder gelöscht werden.
- Ändern von Konfigurationen:
  Es gibt spezielle Hacking-Software, die in die Konfiguration eingreifen und Parameter ändern kann.
- Fehler in der Bluetooth-Software:
  Bekannt Fehler ermöglichen unbefugten Zugang von Angreifern.
- Standard-Voreinstellungen:
  Geräte werden mit Standard-Voreinstellungen geliefert. Diese sollten unmittelbar nach Erwerb geändert werden.
- Lange und häufige wiederholte Verbindungen mit demselben Schlüssel:
  Das kontinuierliche Senden von Verbindungsschlüsseln bzw. lang stehende Verbindungen selbst erleichtern die Kenntnisnahme dieses Schlüssels durch hartnäckige Angreifer. Das Muster eines solchen Verbindungsverhaltens weist einen Angreifer auf ein solches Potenzial hin.
- Schwächen des Verschlüsselungsalgorithmus:
  Wie jeder andere Algorithmus haben auch die Bluetooth-Möglichkeiten gewisse Schwächen, die es versierten Angreifern ermöglichen, sich in das Kommunikationsgeschehen einklinken zu können.

- Diebstahlsgefahr:
  Wie auch sonst ist die Diebstahlsgefahr erhöht, da es sich um mobile Geräte handelt.
- Kein Passwortschutz am Gerät:
  Bei fehlendem Passwortschutz sind gestohlene Geräte von Angreifern direkt nutzbar.
- Malware:
  Wie für jedes andere Netzwerk auch, sind Piconets Zielscheibe für Viren, Trojaner und Verwandte.

Hinzu kommen Bluetoothspezifische Risiken, die sich aus Sicherheitslücken im Standard selbst ergeben. Diese seien an dieser Stelle nur kurz angerissen:

- BlueSnarf: ermöglicht es einem Angreifer, Daten aus dem Adressverzeichnis oder dem Kalender einzusehen, ohne dass der Eigentümer des Gerätes dies bemerkt. Mit den geeigneten Werkzeugen ist dieser Angriff bei Geräten auch im „invisible"-Mode möglich. Gewöhnlich ist der BlueSnarf-Angriff nur im Umkreis von rund 10 m zum Opfer möglich.
- BTChaos: liest Daten mit AT-Befehlen aus den Mobiltelefonen aus. Zum Ausführen des Angriffs werden ein spezielles C-Programm sowie diverse frei erhältliche Software benötigt.
- BlueBug: funktioniert ähnlich wie BlueSnarf. Das Besondere von BlueBug ist, dass AT-Kommandos an das Opfergerät gesendet werden können. Mit diesen AT-Befehlen ist es beispielsweise möglich, eine SMS zu versenden. Zudem kann mit dem BlueBug-Angriff dank der Möglichkeit, Kurzmitteilungen zu versenden, die Telefonnummer des Opfergerätes ausfindig gemacht werden.
- Bluejacking: wird an stark frequentierten Orten wie Bahnhöfen, Flughäfen oder Messen eingesetzt. Bluejacker definieren die Kennung eines Gerätes mit einem speziellen Namen, der mittels einer Verbindungsanforderung auf dem Display des Opfergerätes dargestellt wird.
- Backdoor: bei diesem Angriff kann der Angreifer sein gepaartes Angriffsgerät auf dem Opfergerät manuell „unsichtbar" schalten. Danach kann der Angreifer eine Bluetooth-Verbindung ohne Paarungsaufforderung und somit für das Opfer nicht erkennbar aufbauen.
- BlueSmack: ein einziges Bluetooth-PING-Paket lässt gewisse Handymodelle oder bestimmte PDAs abstürzen. BlueSmack ist ein Denial-of-Service-Angriff, wie er vom Internet her bekannt ist.
- Bluetooth-Scanner: das Werkzeug btxml.c kreiert ein Backup von persönlichen Daten, die sich auf dem Mobiltelefon befinden. Das Auslesen der Daten funktioniert mit einigen Mobiltelefonen vollumfänglich. Bei diesen Telefonen können das Telefonbuch, die Versionsnummer, die IMEI und alle Kurznachrichten ausgelesen werden.

5.4.3   Gegenmaßnahmen

Folgende Gegenmaßnahmen erhöhen die Sicherheit von Bluetooth-Anwendungen:

- Beschaffungskriterien
  Es gibt bestimmte Kriterien, die bei der Beschaffung von Bluetooth-Geräten zu beachten sind. Dazu gehören:
  - minimale Schlüssellänge
  - Änderungsmöglichkeit der Voreinstellungen
  - zusätzliche Sicherheitssoftware im Angebot des Herstellers
- Voreinstellungen
  Alle ausgelieferten Voreinstellungen sollten vor dem Einsatz jedes Gerätes geändert werden.
- Dienste
  Nicht benötigte mitgelieferte Dienste sollten deaktiviert bzw. deinstalliert werden.
- Sendeleistung
  Um die Tracking-Gefahr gering zu halten, sollte die Sendeleistung auf das minimal Nötigste gehalten werden.
- Sicherheitsmodus
  Der Sicherheitsmodus sollte 2 oder besser 3 sein. Sicherheitsmodus 1 ist indiskutabel.
- Verschlüsselung
  Jede Kommunikation sollte grundsätzlich verschlüsselt werden. Es ist darauf zu achten, dass auf den Geräten selbst zumindest verbindungsrelevante Daten verschlüsselt abgelegt sind. Für die lokale Datenverschlüsselung muss es eigene Richtlinien geben.
- PIN
  PINs sollten aus allen verfügbaren Zeichenkombinationen erstellt werden (nicht nur Buchstaben oder Zahlen, sondern auch aus Sonderzeichen mit upper und lower case Varianten). Die maximal angebotene Länge sollte ausgenutzt werden.
- Tracking
  Tracking ist schwierig zu unterbinden, solange Geräte aktiv sind. Durch eine Kombination von Maßnahmen, lässt sich allerdings die Sicherheit erhöhen:
  - Schalten des Geräts auf „unsichtbar"
  - Wechsel der Gerätenummer
  - Deaktivierung der Geräte, wenn diese nicht genutzt werden.
- Firewalls
  Um sicher zu sein vor Hacking-Software, sollten Bluetooth-Geräte mit Firewalls und sonstigem Virenschutz versehen werden, sofern das technisch machbar ist.

- Diebstahl/Verlust
  Bei Diebstahl müssen alle Verbindungsschlüssel in den im Piconet verbliebenen Geräten gelöscht werden.
- Authentisierung
  Eine Authentisierung auf Geräteebene sollte eingerichtet sein, sofern technisch machbar.
- Zugriff
  Nach Möglichkeit sollten Geräte durch physische Maßnahmen vor unbefugtem Zugriff geschützt sein.

5.4.4 Bezahltransaktionsproblematik

Der Standard Bluetooth Low Energy (BLE) wird mittlerweile benutzt, um Bezahltransaktionen per Smartphone abzuwickeln, z. B. unter der Bezeichnung „BLE Smart Payment". An einem Point-of-Sales erfolgt damit eine mobile, kontaktlose Bezahlung über ein spezielles Lesegerät per App. Gleichzeitig besteht die Möglichkeit, dass Verkäufer im Umkreis von ca. 30 m über diesen Standard mit (potenziellen) Kunden kommunizieren können. Bekannte Kunden sind außerdem sofort beim Betreten eines Geschäfts identifizierbar.

Lesegeräte lassen sich – ähnlich wie bei Geldautomaten – von Kriminellen manipulieren. Sie senden anschließend per Bluetooth-Protokoll Informationen, die von Kreditkarten von Kunden beim Bezahlvorgang registriert worden sind (z. B. die PIN) an ein Mobiltelefon des Hackers. Diese Informationen werden dann auf Kartenrohlinge dupliziert, die später zum Schaden eines ursprünglichen Kunden eingesetzt werden.

Eine ausführlichere Erörterung zu dieser Problematik findet sich im Kap. 7 (Near Field Communication) im Abschnitt über Bezahlkarten.

5.5 Checkliste – Bluetooth

Die folgende Tab. 5.5 fasst noch einmal alle relevanten Sicherheitsaspekte für Bluetooth-Anwendungen zusammen:

Tab. 5.5 Checkliste Bluetooth

Ist bei Ihnen bereits Bluetooth im Einsatz?	Im Einsatz befindliche Bluetooth-Anwendungen sollten regelmäßigen Sicherheitschecks unterliegen.
Wird Bluetooth in einer Organisation genutzt?	Bluetooth-Anwendungen in Organisationen sollten durch die interne Sicherheitsstrategie bedacht sein.
Nutzen Sie Bluetooth privat?	Im privaten Bereich sind die Gefährdungen grundsätzlich technisch vergleichbar mit denen in größeren Organisationen.
Möchten Sie Bluetooth-Anwendungen einführen?	Bei der Neueinführung von Bluetooth sind einige grundlegende Sicherheitsaspekte zu berücksichtigen.
Soll Bluetooth in einer Organisation genutzt werden?	Bei der Neu-Einführung von Bluetooth sind die Sicherheitsregeln des IT-Bereichs entsprechend anzuwenden.
Sind die Sicherheitszuständigkeiten in Ihrem Unternehmen geregelt (strategisch, organisatorisch, technisch)?	Die organisatorischen Sicherheitsmaßnahmen lassen sich unterscheiden nach allgemeinen organisatorischen Maßnahmen, technischen Maßnahmen im Rahmen der IT-Sicherheit, technischen Maßnahmen bezüglich der Kommunikation.
	Ungeregelte Zuständigkeiten im Sicherheitsbereich gefährden einen geregelten Betrieb.
Enthalten die Sicherheitsrichtlinien einen Maßnahmenkatalog für Sicherheitsvorfälle?	Je nach Sicherheitsvorfall greifen unterschiedliche Maßnahmen.
	Eine Maßnahmenklassifizierung sollte unbedingt erfolgen.
Ist die Nutzung von Bluetooth geregelt?	Bluetooth-Anwendungen in Organisationen sollten durch die interne Sicherheitsstrategie bedacht sein.
	Ungeregelte Nutzung unter Enduser-Hoheit stellt ein erhebliches Gefährdungspotenzial dar.
Sind Sicherheitsrichtlinien zur Nutzung von Bluetooth dokumentiert?	Bluetooth-Nutzung sollte Teil der organisationsinternen Sicherheitskonzeption sein.
	Anwender sollten auf die Einhaltung von Sicherheitsstandards verpflichtet werden.
Existiert ein Berechtigungskonzept für Anwendungen?	Ein Berechtigungskonzept ist selbstverständlicher Teil der Nutzungssicherheit.
	Ohne geregelte Zugriffsrechte stehen Eindringlingen Tür und Tor offen.
Sind die Anwendungen durch ein Passwort geschützt?	Individuelle Anwendungen können durch Passwörter geschützt werden.
	Ohne Passwortschutz stehen alle Anwendungen allen Zugriffen offen.

Tab. 5.5 (Fortsetzung)

Gibt es eine Passwort-Wechselstrategie?	Die Wechselstrategie beinhaltet die Wechselfrequenz und das Passwortformat.
	Der Passwortwechselmodus sollte nicht den Entscheidungen von Usern überlassen werden.
Gibt es einen festgelegten Passwort-Wechselzyklus?	Für den Schlüsselwechsel sollte ein zeitlicher Plan vorliegen. Der Wechsel sollte im Monatsrhythmus, allerhöchstens im Vierteljahresrhythmus erfolgen.
	Passwörter, die selten gewechselt werden, sind von außen leicht zu ermitteln.
Sind komplexe Passwortstrukturen vorgegeben?	Die Sicherheit von Passphrasen hängt von ihrer Länge und Zeichenkombination ab.
	Passwörter sollten neben alphabetischen Zeichen auch Sonderzeichen und z. B. Groß- und Kleinschreibung enthalten.
Gibt es Alarmmechanismen bei Sicherheitsvorfällen?	In den Organisationen sollte ein eigener Alarmierungsprozess aufgesetzt werden.
	Ohne vereinbarten Alarmierungsmechanismus entsteht nur unkoordinierter Aktivismus.
Werden die Endgeräte inventarisiert?	Der IT-Sicherheitsbeauftragte zusammen mit dem IT-Management ist verantwortlich für die Dokumentation der vorhandenen Infrastruktur.
	Die IT-Sicherheit sollte jederzeit auskunftsfähig sein bzgl. der Geräte im Einsatz und den zugehörigen Nutzern.
Wird die Infrastruktur regelmäßig überprüft?	Dazu gehört neben der körperlichen Inspektion auch die Überprüfung der entsprechenden Kommunikationsprotokolle und –logdateien.
	Ohne Kenntnis der aktuellen Infrastruktur lassen sich keine Sicherheitsmaßnahmen zuordnen.
Sind die Konfigurationszuständigkeiten geregelt?	Bluetooth-Einstellungen lassen sich prinzipiell von jedem intelligenten Arbeitsplatz ausführen.
	Es sind restriktive Maßnahmen zu ergreifen, die ein Konfigurieren nur durch die Administration zulassen.
Wird Sicherheitsbetriebsart Modus 1 verwendet?	Modus 1 verwendet keine speziellen Sicherheitsmechanismen und keine Authentifizierung.
	Modus 1 sollte auf keinen Fall Verwendung finden.
Wird Sicherheitsbetriebsart Modus 2 verwendet?	Hier greifen Sicherheitsmechanismen auf der Dienstebene.
	Modus 2 sollte der Minimal-Standard sein.

Tab. 5.5 (Fortsetzung)

Wird Sicherheitsbetriebsart Modus 3 verwendet?	Hier greifen Sicherheitsmechanismen auf der Verbindungsebene (kryptografische und Datenverschlüsselung).
Kommt ein kryptografisches Verfahren zur Anwendung, um den Zugang zu einem Piconet zu authentifizieren?	Grundlage des kryptografischen Verfahrens sind Verbindungsschlüssel in Zusammenhang mit dem sogenannten Pairingverfahren zwischen zwei Geräten.
	Eine fehlende Authentifizierung von Piconet-Teilnehmern erlaubt den Zugriff durch unberechtigte Dritte.
Werden die Daten verschlüsselt?	Verschlüsselung kann erst nach Authentisierung erfolgen. Dazu muss ein neuer Schlüssel vereinbart werden.
	Unverschlüsselte Daten lassen sich ohne große Mühe ausspionieren.
Werden Daten auf den lokalen Speichermedien verschlüsselt?	Bluetooth-Sicherheitseinrichtungen enden nach der Kommunikation.
	Für die Verschlüsselung auf lokalen Medien greifen die üblichen Standards in Organisationen.
Werden komplexe PINs eingesetzt?	Hauptproblem, wenn einfach zu erratende PINs benutzt werden
	Die maximale PIN-Länge sollte genutzt werden, ebenso die Verwendung von Sonderzeichen.
Sind Geräte eingeschaltet, wenn sie nicht in Gebrauch sind?	Geräte sollten bei Nicht-Nutzung ausgeschaltet sein.
	Bei eingeschalteten Geräten sind diese wegen des Such-Mechanismus leicht zu orten.
Werden die Standardeinstellungen der Geräte beibehalten?	Standardeinstellungen sollten unmittelbar nach Erwerb geändert werden.
	Standardeinstellungen sind jedermann als Informationen zugänglich.
Existieren lange und häufige Verbindungen mit demselben Schlüssel?	Kontinuierliche Nutzung desselben Schlüssels erleichtert die Kenntnisnahme dieses Schlüssels durch hartnäckige Angreifer wegen des modifizierten Verbindungsverhaltens.
	Eine lange und dauernde Schlüsselverwendung kann durch zielgerichtetes Ausspionieren als Muster erkannt werden.
Sind Geräte durch Passwörter geschützt?	Auch an den Geräten selbst besteht die Möglichkeit des Passwortschutzes.
	Ohne Passwortschutz sind gestohlene Geräte von Angreifern direkt nutzbar.

Tab. 5.5 (Fortsetzung)

Gibt es spezielle Beschaffungskriterien für Bluetoothgeräte?	Hier sind besonders die sicherheitsrelevanten Angebote der Hersteller von Belang.
	Hierzu gehören: minimale Schlüssellänge, Änderungsmöglichkeiten der Voreinstellung und sonstige spezielle Sicherheitssoftware.
Werden nicht genutzte Dienste deaktiviert?	Nicht benötigte mitgelieferte Dienste sollten deaktiviert werden.
	Jeder genutzte Dienst hat sein ihm eigenes Gefährdungspotenzial.
Wird die Sendeleistung minimal gehalten?	Es gibt einen Kompromiss zwischen erforderlicher und sicherheitsrelevanter notwendiger Reichweite.
	Da Bluetooth-Geräte ständig „pollen", sollte die Sendeleistung auf das Erforderliche reduziert werden.
Gibt es Maßnahmen gegen Tracking?	Durch eine Kombination von Maßnahmen, lässt sich die Sicherheit erhöhen.
	Dazu gehören: Wechsel der Gerätenummer und Deaktivierung bei Nicht-Nutzung.
Wird die Gerätenummer gewechselt?	Die Gerätenummer kann über die Konfiguration umgestellt werden.
	Durch das Wechseln der Gerätenummer wird das Tracking erschwert.
Werden Bluetooth-Geräte mit Firewalls geschützt?	Auch Bluetooth-Geräte verfügen über die Möglichkeit, Firewalls einzurichten.
	Firewalls sind heutzutage Standards in der Sicherheitsphilosophie.
Gibt es einen Maßnahmenplan bei Diebstahl?	Bei Diebstahl müssen alle Verbindungsschlüssel in den im Piconet verbliebenen Geräten gelöscht werden.
	Die mobilen Endgeräte im Bluetooth-Bereich sind besonders anfällig für Diebstahl oder Verlust.
Werden Geräte durch physische Maßnahmen vor fremdem Zugriff geschützt?	Nach Möglichkeit sollten Geräte durch physische Maßnahmen vor unbefugtem Zugriff geschützt sein.
	Die mobilen Endgeräte im Bluetooth-Bereich sind besonders anfällig für Diebstahl oder Verlust.

Infrarot 6

6.1 Hintergrund

Neben den drahtlosen Anwendungen, die auf WLAN- bzw. Bluetooth-Technologien basieren, wird seit einigen Jahren die Kommunikation mit Hilfe der Infrarotstrahlung angeboten. Infrarot ist Licht mit einer Wellenlänge zwischen $7,8 \times 10^{-7}$ m und 10^{-3} m entsprechend einem Frequenzbereich von 3×10^{11} Hz bis ca. 4×10^{14} Hz. Ein Vorteil der Infrarotstrahlung ist ihre geringe Schädlichkeit und Anfälligkeit für elektronische Störungen. Ein Nachteil ist die geringe Reichweite. Als weitere Vorteile werden genannt:

- einfache und kostengünstige Implementierung
- niedrige elektrische Leistungsanforderung
- gerichtete Punkt-zu-Punkt-Verbindung
- effiziente und zuverlässige Datenübertragung

Für Infrarotkommunikation wurden Standards entwickelt, die sich an den möglichen Anwendungen ausrichten. Im Folgenden sollen diese Standards bezüglich deren Architektur sowie der Übertragungsprotokolle dargestellt werden. Anschließend wird ein Blick auf typische Anwendungen geworfen und schließlich auf potenzielle Risiken eingegangen.

6.2 IrDA

Infrarot wurde schon früher als Übertragungsmedium für Controller, Drucker, Taschenrechner und PDAs genutzt. Im Jahre 1993 wurde eine Gruppe auf Initiative von HP, IBM und Sharp ins Leben gerufen, die Infrared Data Association (IrDA), um einen

© Springer-Verlag GmbH Deutschland, ein Teil von Springer Nature 2018   103
W. W. Osterhage, *Sicherheitskonzepte in der mobilen Kommunikation*,
https://doi.org/10.1007/978-3-662-57903-9_6

Tab. 6.1 IrDA Data Specifications

IrDA Daten-Specification	Übertragungsraten [Kbit/s]
SIR	9,6–115,2
MIR	576–1152
FIR	4000
VFIR	16.000
UFIR	96.000

Industriestandard für Infrarotkommunikation zu entwickeln. Schon 1995 wurden Produkte, die diesem Standard folgten, auf den Markt gebracht. Dazu gehören: Notebooks, die mit einer Infrarotschnittstelle ausgestattet sind, PDAs, Drucker sowie Infrarot-Adapter für PCs. Im Gegensatz zu den Vorläufern, die proprietäre Protokolle nutzten, haben IrDA konforme Geräte die Möglichkeit, zwischen unterschiedlichen Anwendungen auf der Hardware unterschiedlicher Anbieter und Plattformen zu kommunizieren.

Die Tab. 6.1 gibt die unterschiedlichen Datenraten bei einer Reichweite von ca. 1 m in line of sight (LOS) wieder, die mit entsprechenden IrDA-Protokoll-Spezifikationen erreichbar sind:

6.2.1 Allgemeines

Abb. 6.1 zeigt schematisch die Gegenüberstellung von klassischer, drahtgebundener und Infrarot-Verbindung.

Entscheidend sind die beiden Elemente:

- Protocol Handler und
- der optische Transceiver (Sende- und Empfangseinheit).

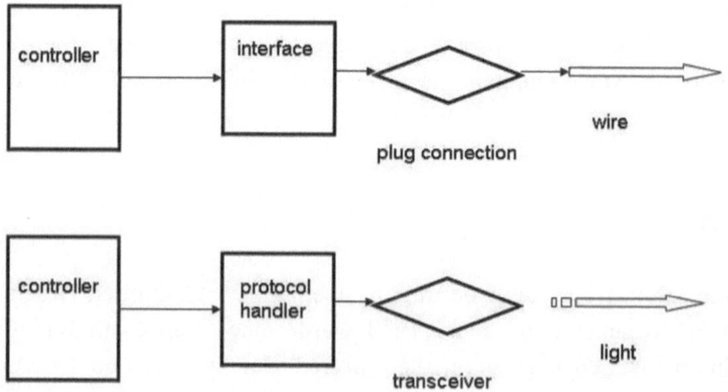

Abb. 6.1 Infrarot-Verbindung

Abb. 6.2 IrDA Systematik

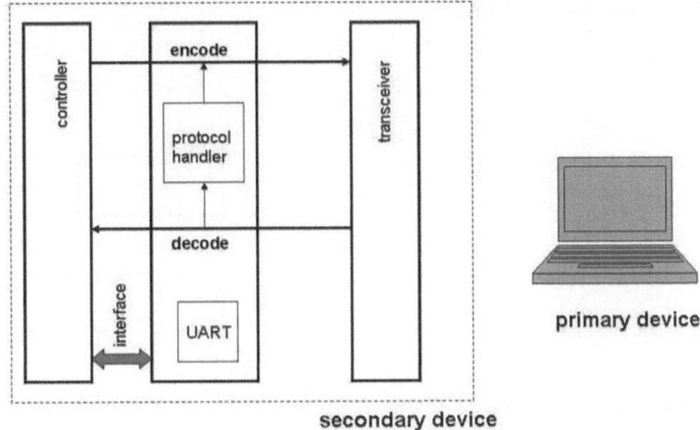

Abb. 6.2 zeigt schematisch das Zusammenspiel zwischen einem Peripheriegerät – in diesem Falle ein Laptop – und der Schnittstelle eines anderen Systems.

Von rechts nach links sind folgende Elemente dargestellt:

- Laptop
- Optischer Transceiver
- Protokolltreiber
- Host Controller.
- Universale asynchrone Sende/Empfangseinheit.

Bei den wichtigsten Schichten des Protokolls, welches dem OSI-Standard folgt, handelt es sich um:

- Physical Layer
- Link Access Layer
- Link Management Layer
- Application Layer.

Link Management und Application Layer sind in sich noch einmal in Unterschichten strukturiert. Im Folgenden werden die Protokolle im Einzelnen besprochen. Alle Schichten sind im Protokolltreiber implementiert.

6.2.2   Protokoll

Ganz unten befindet sich der Physical Layer (s. Abb. 6.3):

Der Physical Layer legt das Datenformat fest. Bis zu drei Spezifikationen aus Tab. 6.1 können eingerichtet werden. Die meisten Geräte wie z. B. PDAs nutzen SIR (Serial IR). PCs und einige Drucker verlangen FIR (Fast Serial IR).

Abb. 6.3 Physical Layer

asynchron Serial IR (SIR) 9600-115200 baud	synchron Serial IR (SIR) 1,15 Mbaud	synchron Fast IR (FIR) 4 Mbaud

Abb. 6.4 Link Layer

LM-IAS	Tiny Transport Protocol (Tiny TP)
IR Link Managment (IrLMP)	
IR Link Access Protocol (IrLAP)	

Abb. 6.5 Application Layer

IrTRAN-P	IrObex	IrLAN	IrCOMM	IrMC

Die nächste Schicht ist der Link Layer – diejenige Schicht, die die Verbindung festlegt
(s. Abb. 6.4). Der Link Layer ist unterteilt in Unterschichten (sub layers):

- Link Access Protocol (IrLAP)
- Link Management (IrLMP)
- Optionale Transport Protokolle.

Diese Schichten sorgen für

- Data Routing
- Fehlerkorrekturen in Datenpaketen
- Link Management
- Strukturierung der Informationen für den Application Layer des Protocol Stacks.

Darüber liegt nun der Application Layer (s. Abb. 6.5):

Hier residieren die unterschiedlichen Anwendungsprotokolle. Hier wird die tatsäch-
liche Objektübertragung (Datei, Programm, Foto etc.) geregelt. Die relevante Technik
im Einsatz nennt sich IrObex (Ir Object Exchange). Die Charakteristika der jeweiligen
Objekte müssen vorher definiert sein.

IrCOMM steht für die IrDA Standard Specification, welche die traditionellen seriellen
und parallelen Schnittstellen ersetzt.

6.3   Anwendungen

Wenn IR-Kommunikation eingerichtet werden soll, sind für bestimmte Endgeräte zunächst
die technischen Voraussetzungen zu prüfen bzw. zu schaffen. Das Einrichten selbst ist
dann relativ einfach. Die Kommunikation läuft entsprechend des Protokolls ab.

6.3.1 Endgeräte

IrDA Standard Schnittstellen sind verfügbar auf:

* Notebooks
* Mobiltelefone
* Drucker
* Pager
* Spezielle Uhren, um z. B. den Herzschlag zu messen.

6.3.2 Voraussetzungen

Um IrDA Kommunikation für Notebooks, PCs oder PDAs zu ermöglichen, wird ein Digital Interface benötigt sowie eine analoge front end Komponente. Letztere kann sowohl über die RS-232 Schnittstelle bis zu bestimmten Geschwindigkeiten (SIR) oder über USB-Adapter angebunden werden. Viele Gräte auf dem Markt verfügen über eingebaute Infrarotports: Laptops, PDAs, Mobiltelefone. Außerdem ist das Vorhandensein entsprechender Treiber Software erforderlich.

6.3.3 Kommunizieren

Abb. 6.6 zeigt die Verbindungssequenz gemäß dem Standard IrDa Protokoll:
Es gibt dabei drei Zustände:

* normal disconnect mode
* discovery mode und
* normal response mode.

Diese Moden sollen jetzt im Einzelnen besprochen werden:

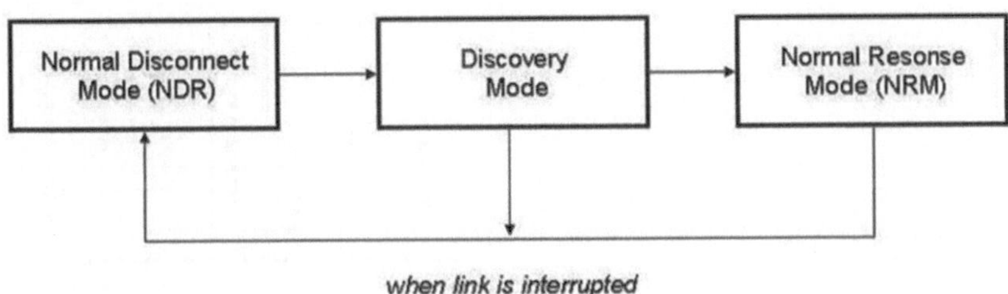

Abb. 6.6 Verbindungssequenz

Abb. 6.7 Normal Disconnect Mode

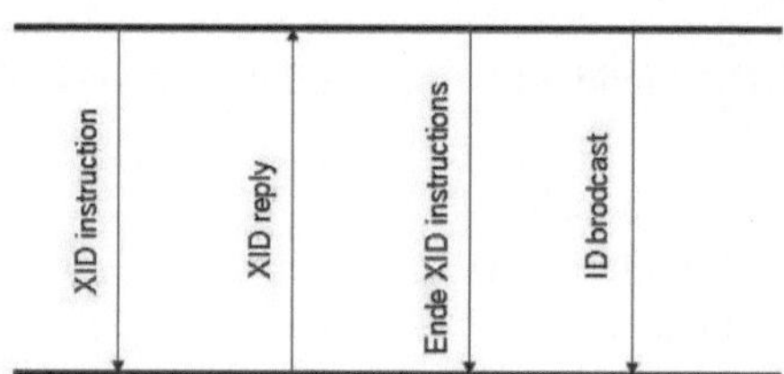

Normal Disconnect Mode

Abb. 6.7 illustriert diesen Modus:

NDM ist der Modus, in dem ein Gerät nach anderen Standard-IrDA-Geräten pollt. In diesem Fall sendet das Gerät XID Befehle (exchange identification) mit einem Zeitfenster zwischen 0 und 7. Sobald ein anderes Gerät in Reichweite des ersten gelangt, antwortet es und reserviert das Zeitfenster. Danach wird das zweite Gerät alle weiteren XID Nachrichten ignorieren. Das IrDA Standard Protokoll ermöglicht es, neben dem ersten Gerät bis zu 8 verschiedene weitere Geräte zu unterscheiden. Das erste Gerät emittiert eine broadcast ID, auf die das andere Gerät nicht antwortet.

Discovery Mode

Abb. 6.8 illustriert diesen Modus. Im Discovery Modus stellen die kommunizierenden Geräte ihre Leistungsparameter fest. Das erste Gerät sendet eine SNRM (Set Normal Response Mode) Anweisung mit bestimmten Parametern und Verbindungsadressen. Das andere Gerät schickt eine UA Antwort mit Parametern, indem es die vorgegebene Verbindungsadresse benutzt. Dann öffnet das erste Gerät einen Kanal für IAS Queries, den das zweite Gerät bestätigt. Zu Leistungsparametern gehören:

- IR baud Rate
- Größe der Datenpakete
- Übergabezeit und andere

Abb. 6.8 Discovery Mode

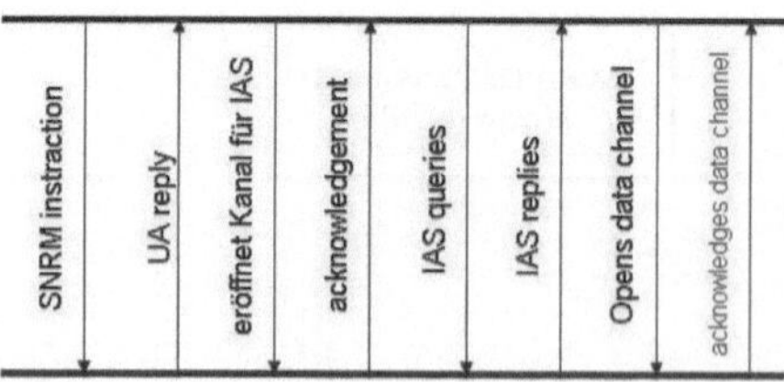

Abb. 6.9 Normal Response Mode

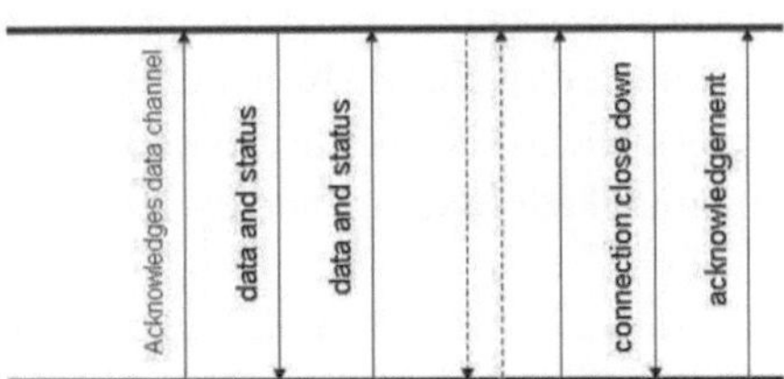

Diese Parameter werden nun ausgetauscht, um den größten gemeinsamen Nenner zwecks Performance Optimierung zu finden. Jetzt muss das erste Gerät die Datenanfrage starten. Für PCs ist dafür ein entsprechendes Programm erforderlich, dass dem IR Port zugewiesen ist. Auf einem PDA geschieht das, wenn das erste Datenpaket zum Transfer bereit steht. Das zweite Gerät bestätigt, dass der Kanal für Daten geöffnet ist.

Normal Response Mode
Abb. 6.9 illustriert diesen Modus:

NRM ist der Modus, bei dem Daten und Statusinformationen hin und her gesendet werden. Statusinformationen sind wichtig, um festzustellen, ob eine Verbindung noch besteht und nicht blockiert ist. Sollte die Verbindung über das time out hinaus blockiert sein, wird das Gerät of den NDM Zustand zurückgesetzt. Sobald die Kommunikation beendet ist, unterbricht das erste Gerät die Verbindung. Das zweite Gerät bestätigt dies, und beide kehren zum NDM Zustand zurück.

6.4   Sicherheitsaspekte bei IrDA

Die Prüfmechanismen, die seitens des IrDA Standards vorgesehen sind, betreffen ausschließlich technische Absicherungen auf der Protokollebene, wie z. B. Übertragungsfehler. Authentisierungsverfahren, Passwortschutz und Verschlüsselung sind auf dieser Ebene nicht vorgesehen. Das bedeutet theoretisch, dass IR-Kommunikation eine Schwachstelle gegenüber Mitschnitt und Abhören besitzt. Insofern sind hier höhere Sicherheitsrisiken vorhanden als etwa bei klassischen LAN-Anwendungen. Wenn überhaupt, müssten entsprechende Sicherheitsmechanismen auf der Anwendungsebene eingeführt werden.

Eine Konsequenz daraus ist, dass ein ständiger Betrieb der IR-Schnittstellen zu vermeiden ist, da ansonsten auch Unberechtigte Daten über diese Schnittstelle an ein Gerät senden können. Je nach Gerätetyp gibt es unterschiedliche Risiken:

- Laptop: Daten und Programme
- Mobiltelefon: SMS, Daten und Programme

All diese Informationen können theoretisch mit Malware versehen sein.

Ein zusätzlicher Sicherheitsaspekt, der sich positiv auswirkt, liegt in der Tatsache begründet, dass die IR-Kommunikation nur über einen eingeschränkten Bereich und auf kurzer Reichweite möglich ist. Das Restrisiko wird höchsten durch Streustrahlung der Kommunikationskomponenten aufrechterhalten.

6.5   Checkliste – Infrarot

Die Tab. 6.2 beinhaltet eine Checkliste für den Einsatz von Infrarot-Anwendungen.

Tab. 6.2 Checkliste Infrarot

Check Item
Planen Sie den Einsatz von Infrarot?
Welche Geräte sind in der engeren Auswahl?
Welche Anwendungen sind geplant?
Welche Nutzer sollen zugelassen werden?
Mit welcher Übertragungsrate soll gearbeitet werden?
Sind die in Frage kommenden Geräte in anderen Netzwerken eingebunden?
Existieren die räumlichen Voraussetzungen für die erforderlichen Strahlungswege?
Sind die Lokalitäten gegen das Aufspüren von Streustrahlung abgesichert?
Sind die in Frage kommenden Geräte mit den erforderlichen Treibern ausgestattet?
Für Windows: sind Treiber für die Windows-Version vorhanden und wo?
Sind die in Frage kommenden Geräte mit den erforderlichen Infrarot-Schnittstellen ausgestattet?

Near Field Communication

7.1 Einleitung

Viele Tablets oder Smartphones, die heute auf dem Markt sind, besitzen Near Field Communication (NFC) Fähigkeiten. Sie können über eine Entfernung von wenigen Zentimetern oder durch Berührung ihrer Antennen miteinander kommunizieren. Die Kontrolle über diese Kommunikation erfolgt über spezielle Apps.

Ein weiteres Anwendungsgebiet findet sich in den Schreib- und Lesemöglichkeiten von Tags. Solche Tags werden mittlerweile in unterschiedlichen Ausführungen angeboten: Keyfobs, Kreditkarten oder Aufkleber.

Im Folgenden wird die Technologie vorgestellt, die Spezifikationen, die dazu erforderlich waren, das Protokoll und insbesondere die Gefahren, die von dieser Technologie ausgehen können.

7.2 Technologie allgemein

7.2.1 Geschichte

Die NFC Technologie basiert auf RFID (Radio Frequency Identification), die bereits in den siebziger Jahren des vergangenen Jahrhunderts im Rahmen von Warensicherungssystemen angewendet wurde. Der nächste Schritt bestand dann in Zugangskontrollsystemen, bargeldlosem Zahlungsverkehr und Wegfahrsperren für Autos. Die Hardware besteht aus einer Leseeinheit und einem passiven Transponder. Passiv bedeutet in diesem Fall, dass das Gerät ohne eigene Energiequelle auskommen kann.

Im Jahre 2004 wurde das NFC-Forum von den Gründungsmitgliedern Phillips, Sony und Nokia ins Leben gerufen. Dieses Forum entwickelte die erforderlichen Spezifikationen.

© Springer-Verlag GmbH Deutschland, ein Teil von Springer Nature 2018   111
W. W. Osterhage, *Sicherheitskonzepte in der mobilen Kommunikation*,
https://doi.org/10.1007/978-3-662-57903-9_7

2006 brachte Nokia das erste Mobiltelefon mit NFC Technologie auf den Markt. 2011 wurde diese Technologie in das Betriebssystem Symbian integriert. Im selben Jahr vertrieb Samsung bereits NFC Smartphones unter Android. Erst 2012 zog Microsoft nach mit Smartphones unter Windows Phone 8.0 und Windows 8.0 RT auch für Tablets.

7.3   Spezifcationen

NFC ist eine drahtlose Technologie im 13,56 MHz Bereich, die nur wenig Leistung bedarf. Die Übertragungsgeschwindigkeiten sind 106, 2121 und 4242 Kbit/s, also nicht sehr schnell. Um zu kommunizieren, bedarf es eines Initiators als aktives Element und ein passives Zielobjekt. Zwei aktive Elemente können eine Peer-to-Peer-Verbindung aufbauen.

Theoretisch kann die Entfernung zwischen sendendem und empfangendem Gerät 20 cm betragen, in der Praxis endet das häufig aber bereits bei 4 cm. Die folgende Tab. 7.1 gibt einige technische Spezifikationen des NFC-Standards wieder:

7.3.1   Protokoll

Abb. 7.1 zeigt die Struktur des NFC-Protokolls.

Dabei handelt es sich um ein kompaktes Protokoll basierend auf IEEE 802.2, geeignet für einfache Anwendungen mit begrenztem Datentransfer. Die NFC Digital Protocol Technical Specification ermöglicht die Gerätekommunikation, also die digitale Schnittstelle, die in Halbduplex-Übertragung die Rollen des Initiators, des Zielgerätes, Lesen/ Schreiben und Card Emulation ermöglicht.

Die NFC Acticity Technical Specification beschreibt die Aktivitäten, die erforderlich sind, um das Kommunikationsprotokoll zu erstellen. U. a. werden Profile erstellt, die erforderlich sind, um NDEF Daten zu verarbeiten.

Tab. 7.1 NFC Spezifikationen

Eigenschaft	NFC
passiv RFID kompatibel	ISO 18000-3
Netzwerk	ISO 13157
Netzwerk Typ	point to point
Reichweite	< 20 cm
Bit Rate	424 Kbit/s
Frequenz	13,56 MHz
Kopplungszeit	< 0,1 s
Stromverbrauch	< 15 mA lesen/schreiben

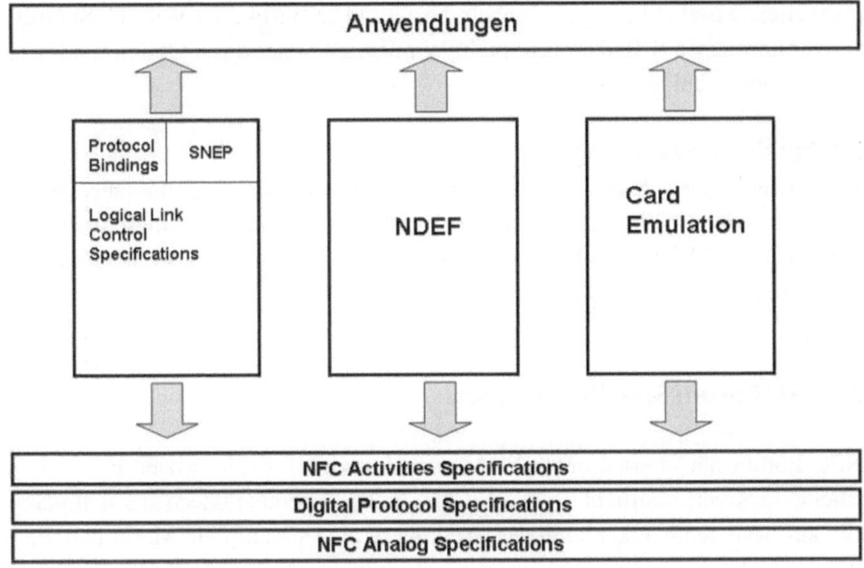

Abb. 7.1 NFC Logical Link Control Protocol

Das Simple NDEF (SNEP) Exchange Protocol ermöglicht einer Anwendung, NDEF formatierte Nachrichten auszutauschen.

Die NFC Analog Technical Specifications kümmert sich um die Analogseite der RF-Schnittstelle. Dazu gehören Leistungsparameter, Übertragungs- und Empfangsvoraussetzungen sowie Signalchrakteristika.

7.3.2 Technologien im Einzelnen

Auch zwischen beiderseits aktiven Geräten können jeweils nur einige wenige Kilobytes übertragen werden. Diese Daten müssen dem NFC-Format mit seinen unterschiedlichen Datensatztypen entsprechen. Darum werden nach wie vor Fotos, Videos und sonstige Dokumente über Bluetooth übertragen. NFC sorgt lediglich für die Gerätekopplung und beendet diese nach der Übertragung.

Die gängigen Betriebssysteme sind unterschiedlich für diese Aufgaben ausgestattet. Windows © ist dazu in der Lage, iOS von Apple besitzt keine NFC-Features. Android ist weiter gegangen und identifiziert zwar Geräte, besitzt aber keine Kopplungsfähigkeiten. Ein Grund dafür sind die unterschiedlichen URI beim Starten.

Inzwischen gibt es Ohrstecker, Lautsprecher und Freisprechanlagen für NFC auf dem Markt, die über einfache Berührung koppeln und eine Verbindung herstellen können. Mit Batterien ausgestattet können diese Geräte bis zu 15 Stunden arbeiten.

Eine weitere Möglichkeit zum Koppeln besteht über Wi-Fi oder WLAN. Samsung hat dieses für Android via S-Beam entwickelt. Windows 8 bietet diese Option unidirektional lediglich für NFC-fähige Drucker an.

7.3.2.1 Passive Anwendungen

Passive Anwendungen betreffen Geräte ohne Stromversorgung, die aber über eine Antenne von aktiven NFC-Geräten gespeist werden. Gerät meint in diesem Zusammenhang Tags wie Aufkleber, Armbänder, Visitenkarten oder Smart Poster, aber auch neuerdings Kreditkarten.

7.3.3   NFC Forum Spezifizierungen

Das NFC-Forum hat internationale Richtlinien für vier Typ-Spezifizierungen für unterschiedliche Tags veröffentlicht Tab. 7.2 die z. B. Speichercharakteristika definieren. Sie basieren auf bestehenden, kontaktlosen Produkten, die sich auf dem Markt befinden, und Schreiben und Formatieren zulassen oder unterbinden. Zudem definieren sie minimale und maximale Speicherkapazitäten.

Außerdem hat das Forum Format und Regeln für das Datenformat (Record Type Definition) (RTD) festgelegt. Diese Definitionen richten sich wiederum nach dem NDEF (NFC Data Exchange Format), mit dem fast alle Tags formatiert sind. Diese Datensatzarten bestehen aus fünf Grundtypen und können durch User erweitert werden. Die Grundtypen sind:

- NFC-Text für Texte in unterschiedlichen Sprachen
- NFC-URI für Uniform Resource Identifier. Damit können Programme oder Internetseiten aufgerufen und Einstellungen geändert werden.
- NFC-Smart Poster, um Internetseiten, SMS Nachrichten oder Telefonnummern abzuspeichern
- NFC-Generic-Control: existiert nicht mehr.
- NFC-Signature zum Signieren einzelner oder ausgesuchter Datensätze. Man kann festlegen, ob eine Signatur erforderlich ist oder nicht.

Tab. 7.2 NFC Richtlinien

Typ	Richtlinie	lesen + schreiben	Nur lesen	Kapazität
1	ISO/IEC 14443A	ja	konfigurierbar	96–2000 Bytes
2	ISO/IEC 14443A	ja	konfigurierbar	48–2000 Bytes
3	(JIS)[1] X 6319-4	ja	vorkonfiguriert[2]	Limit 1 MByte
4	ISO/IEC 14443	ja	vorkonfiguriert	Limit 32 KByte

Legende:
1 = Japanese Industrial Standard, auch FeliCa
2 = durch den Hersteller vorkonfiguriert und nicht änderbar

Inzwischen haben sich aus diesen Typen z. B. die folgenden Standards entwickelt:

- vCard (Business Card): Unterstützung für WP8, Android, MeeGo, Symbian und Black-Berry; empfohlen wird 1 KByte Minimum.
- URI: Unterstützung für alle mobilen NFC Geräte. WP8, Android und Windows 8 unterstützen auch den Aufruf von Programmen oder für Geräteeinstellungen. Der Aufruf von Anwendungen auf Fremdplattformen ist aber z. Zt. noch nicht möglich.
- Geo: tag link format für die Dezimaldarstellung von Breiten-und Längengraden nach WSG-84 (World Geodetic System 1984). In WP8 können diese Positionen mit einem Kartenprogramm verbunden werden, z. B. dadurch, dass diese Position ins Zentrum gestellt wird.
- Smart Poster: beinhaltet z. B. die URL einer Internetseite sowie Überschriften oder Texte in verschiedenen Sprachen verbunden mit einer Länderkennung. Auf diese Weise können User Hinweise auf Seiten in ihrer Sprache erhalten.
- E-Mail: ruft den E-Mail-Editor auf und fügt eine gespeicherte Adresse oder andere Informationen hinzu.
- Text: speichert normalen Text.

7.4 Sicherheitsaspekte

Obwohl die NFC Erkennung lediglich in einem Umkreis von nur 5 cm stattfindet, kann diese Entfernung z. B. in einem Lokal bis auf 1 m erweitert werden. Das führt dann zu den folgenden Risiken:

- NFC-Daten können nicht verschlüsselt werden. Eine Authentifikation gegenüber einem Tag ist nicht möglich.
- Es besteht die Gefahr einer Überschreibung durch einen Störsender oder das Ablesen von Inhalten mit Hilfe von Spezialgeräten.
- Man kann das Gerät oder den Tag verlieren.

Aus diesen Gründen sollte das Übermitteln von sensiblen Daten über NFC vermieden werden. Dazu gehören z. B.:

- Passwörter
- Private Bilder
- Finanzdaten
- E-Mails
- Sozialversicherungsnummern

Manche Anwendungen erfordern verschlüsselte Passwörter für einen Tag, aber nur für ausgesuchte Geräte. Dadurch wird der User genötigt, auf solche Geräte besonders aufzupassen, damit sie nicht in unbefugte Hände gelangen.

7.4.1   Bezahlkartenproblematik

Bereits seit dem Jahre 2013 wurde das kontaktlose Bezahlen mittels Kredit- oder Bankkarten via NFC entwickelt. Dazu sind die Karten mit einem entsprechenden Chip ausgestattet. Große Einzelhandelsketten sind mit den erforderlichen NFC-Kassen ausgerüstet. In der Praxis sieht das so aus: der Kunde führt seine Karte an das Lesegerät heran und die Transaktion erfolgt per Funk. Bis zu einem bestimmten Betrag ist die Eingabe einer PIN nicht erforderlich.

Wie auch bei anderen Protokollen gibt es die Möglichkeit für versierte Angreifer, die Kommunikation zu verfolgen und gegebenenfalls zu manipulieren. Eine Möglichkeit dabei ist das Auslesen von Kartendaten mit Hilfe eines Smartphones, die mit der dafür erforderlichen App ausgestattet sind. Eine solche Einrichtung ermöglicht es sogar, Karteninformationen auszulesen, wenn die Karte sich in der Tasche oder dem Portemonnaie des Opfers befindet. Die Attacken werden dadurch erleichtert, dass die Karte ständig Funksignale aussendet. Im einfachsten Fall erhält ein Angreifer dadurch die Karten-Nummer und das Ablaufdatum. Diese Informationen reichen häufig aus, um E-Commerce-Transaktionen bei Versandhäusern durchzuführen.

Es gibt natürlich einfache Maßnahmen, wie man sich vor diesen Gefahren schützen kann. Dazu gehören:

- Verzicht auf eine Funk-Karte durch Anforderung an das zugehörige Kreditinstitut, eine „normale" Karte bereitzustellen
- Verwenden einer entsprechenden Schutzhülle, die die Funksignale dämpft

Eine weitere Möglichkeit der Abschirmung besteht im Aufbewahren der in Frage kommenden Karte zwischen anderen Kreditkarten.

Internet of Things

8.1 Einleitung

In diesem Kapitel wird eine übergeordnete Zusammenfassung der gesamten Internet of Things Thematik mit einem Ausblick auf das breite Spektrum von bereits existierenden Anwendungsmöglichkeiten gegeben. Es erfolgt zunächst eine Hinführung zum Thema Internet of Things oder Internet der Dinge, wie die zugehörige Philosophie in den klassischen Ansätzen einzuordnen ist – von der Informationslogistik, die sich zunächst im herstellenden Gewerbe ausgebreitet hat, über die Ubiquität bis hin zu dem, was letztendlich aus Big Data weiter zum IoT entwickelt worden ist.

8.2 Informationslogistik

Das Gabler Wirtschaftslexikon definiert Logistik folgendermaßen:

▶ Logistik umfasst alle Aufgaben zur integrierten Planung, Koordination, Durchführung und Kontrolle der Güterflüsse sowie der güterbezogenen Informationen von den Entstehungssenken bis hin zu den Verbrauchsenken.

Oder:

▶ Logistik sorgt für die Verfügbarkeit des richtigen Gutes, in der richtigen Menge, im richtigen Zustand, am richtigen Ort, zur richtigen Zeit, für den richtigen Kunden, zu den richtigen Kosten.

Wie man erkennt, sind in den beiden Definitionen wesentliche Elemente von ERP enthalten. Entscheidend ist jedoch, dass sich Logistik heute nicht mehr nur auf das Material,

© Springer-Verlag GmbH Deutschland, ein Teil von Springer Nature 2018   117
W. W. Osterhage, *Sicherheitskonzepte in der mobilen Kommunikation*,
https://doi.org/10.1007/978-3-662-57903-9_8

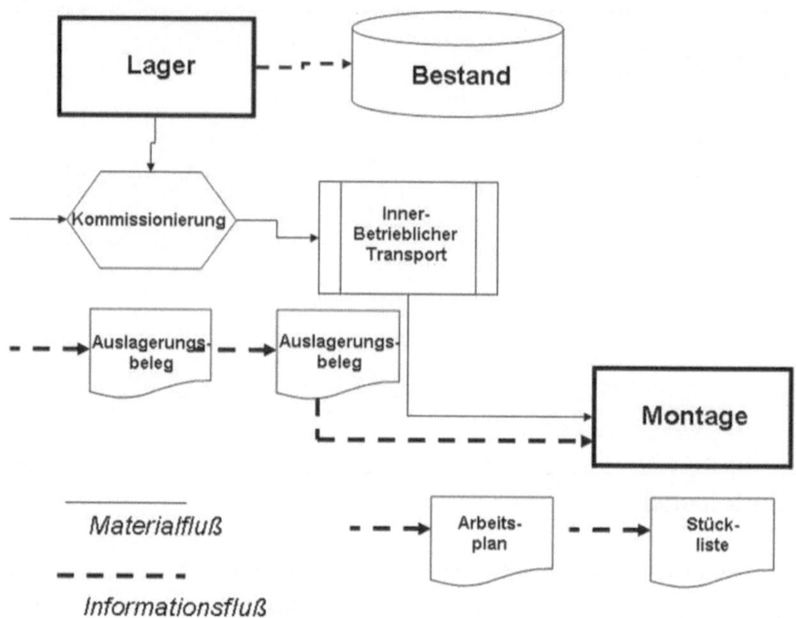

Abb. 8.1 Material- und Informationslogistik

sondern eben auch auf die zugehörigen Informationen bezieht. Und – beide Aspekt sind nicht unabhängig voneinander zu sehen, sondern stehen in Beziehung zueinander. Die Abb. 8.1 schematisiert im Groben z. B. eine solche Beziehung für die Bereitstellung von Fertigungsteilen zur Montage.

Daraus ist ersichtlich, dass Informationslogistik in Phase sein muss mit der Materiallogistik. Es nutzt nichts, wenn Teile angeliefert werden, deren Verwendung nicht aus den mitgelieferten Informationen ersichtlich ist. Umgekehrt gilt das Gleiche. Das bedeutet, dass Informationen ebenfalls zeitkritisch sind – unabhängig von der Qualität, d. h. dem Informationsgehalt, der ebenfalls stimmen muss.

8.2.1 Kritische Informationen am Beispiel ERP

Die Bedeutsamkeit von kritischen Informationen unterliegt natürlich auch subjektiven Einschätzungen von Funktionsträgern. Dennoch kann man kritische Daten identifizieren, ohne die das gesamte System nicht effizient funktionieren würde.

Ohne Artikelstamm, ohne Stücklisten, ohne Arbeitspläne fehlen wesentliche Grundlagen, d. h. diese Informationen müssen vor bestimmten Aktivitäten angelegt sein: Angebotserstellung, Arbeitsplanung, Arbeitsplatzbeschreibung, Verfügbarkeitsrechnung, Produktionsbeginn etc. Kundenaufträge können nicht bearbeitet werden, wenn Preisinformationen fehlen.

Ohne Versandpapiere geht keine Sendung heraus (Man kann das trotzdem tun, durchbricht aber damit z. B. Grundsätze einer gesamten ERP-Philosophie, und führt sie so ad Absurdum).

Bestandsführung, Inventur und Warenbewegungen kommen ebenfalls ohne Stammdaten nicht aus. Beschaffung und Einkauf kommen ohne konkrete dispositive Vorgaben nicht aus. Für die Fertigungssteuerung sind eingeplante Fertigungsaufträge erforderlich. Voraussetzung für eine konsequente Disposition sind planerische Vorgaben der übergeordneten Ebenen sowie Informationen über Material- und Kapazitätsverfügbarkeiten, Wiederbeschaffungs- und Durchlaufzeiten.

Im Gegenzug besteht das Erfordernis, dass Informationen, die während der ERP-Subprozesse generiert werden, wie Betriebsdaten, Maschinendaten oder Daten aus Warenbewegungen, ebenfalls zeitgerecht an die Systeme zurückgemeldet werden, damit die planerischen Instanzen Transparenz über das Geschehen in den ausführenden Abteilungen erhalten.

Zusammenfassend lässt sich sagen:

▶   Informationslogistik heißt die zeitgerechte Bereitstellung von Informationen, die z. B. ERP-Funktionen ermöglichen, sowie die zeitnahe Rückmeldung aller Veränderungen entlang der logistischen Kette.

8.3 Kanban

Den Gedanken der parallelen Bereitstellung von Material und Information kann man zuspitzen, indem man sich vergegenwärtigt, dass Material bzw. Fertigungsteile an sich ja schon Information bedeuten. Anstelle von abstrakten Begriffen oder Barcodes, die ein Teil symbolisieren und damit logisch verarbeiten können, liefert das Vorhandensein bzw. Nicht-Vorhandensein einer Komponente vor Ort die gleiche Information auf sozusagen körperliche Weise. Das ist eigentlich nichts Neues, denn vor der Existenz von unterstützenden IT-Systemen musste ein Monteur schon einmal in sein Regal schauen oder beim Lageristen anfragen, ob sein Material auch vorhanden ist.

Dieses Prinzip haben die Japaner im vorigen Jahrhundert bei Toyota vervollkommnet durch ihre Kanban-Methode. Es lässt sich auf die gesamte Produktionsstrecke mit allen erforderlichen Materialbereitstellungen verwirklichen und kommt dem Prinzip der stochastischen Planung und Steuerung entgegen. In der Praxis bedeutet das, dass entlang der Fertigung über alle Stufen – also von der Einzelteilproduktion über Montageeinheiten bis hin zur Verpackung – an allen relevanten Stellen Pufferläger eingerichtet werden, deren Bestände nach Unterschreiten einer festgelegten Bestandsuntergrenze sofort wieder aufgefüllt werden. Wir haben es also hier mit einem just-in-time-Mechanismus zu tun, der ein ausgefeiltes logistisches Verhalten verlangt bis hin zu Bestellabrufen von Zukaufteilen. Dabei wird auf Losgrößenoptimierung verzichtet, und das Bestandsrisiko liegt beim Zulieferer. Grundlage dafür sind entsprechende Verträge.

8.4   Von der Ubiquität zum Internet der Dinge

Im Standard 200-1 befasst sich das BSI erstmalig auch mit dem Internet der Dinge. In seiner übergeordneten Gliederung findet man unter dem Begriff „Anwendungsweise", einem Kapitel in dem die Begriffe Managementsystem und Managementsystem für Informationssicherheit dargestellt werden, zusätzlich folgende Definition:

▶ Wenn in diesem Standard der Begriff „IT-System" verwendet wird, sind damit nicht nur „klassische" Systeme wie Server, Arbeitsplatzrechner, Smartphones oder Netztechnik gemeint. Der Begriff IT-Systeme schließt hier auch Industrial Control Systems (ICS) ebenso wie Komponenten aus dem Bereich Internet of Things (IoT) mit ein.

Die Bluetooth Special Interest Group hat Version 5.0 ihres drahtlosen Kommunikationsprotokolls verabschiedet. Es soll speziell auf die Erfordernisse des Internet of Things zugeschnitten sein.

Eine gegenüber der Vorgängerversion um den Faktor 4 größere Reichweite, ein verdoppelter Durchsatz und acht Mal so viele Broadcasts – das sind die Eckpunkte der Core Version 5.0 Bluetooth-Spezifikation. Wohl wichtiger noch: Bluetooth 5 soll Interoperabilität zu anderen drahtlosen Kommunikationsprotokollen bringen und so leichter für das Internet der Dinge nutzbar werden.

Bei vielen Vorstößen in Richtung „Internet der Dinge" geht es, ähnlich wie bei Big Data um Daten, die irgendwie und irgendwo generiert werden: aus

- Behörden
- Unternehmen
- Überwachungssystemen
- dem medizinischen Bereich
- Veröffentlichungen
- Aufzeichnungen von Telefonverbindungen
- Cookies
- Finanztransaktionen
- Energieverbräuche
- Laboranalysen im Gesundheitswesen etc.

Im Internet der Dinge sind dann die Objekte selbst die Informationsträger, sodass die ganze Welt letztendlich wie ein Museum verwaltet werden kann.

Ubiquitous Computing bzw. Rechnerallgegenwart bezeichnet die Allgegenwärtigkeit (Ubiquität, engl. ubiquity) der rechnergestützten Informationsverarbeitung. Statt – wie derzeit – selbst Gegenstand der menschlichen Aufmerksamkeit zu sein, soll das „Internet der Dinge" den Menschen bei seinen Tätigkeiten unmerklich unterstützen. Die Übergänge zur Telematik sind hier teilweise fließend.

Das Thema „smart things" als eine Anwendung des Internet of Thing ist eines der technologischen Trends der letzten Jahre und kann viele Bedeutungen haben. IoT wird häufig assoziiert mit dem Web of Things, und beide Termini werden gebraucht, um die Internet-Verbindung zwischen unterschiedlichen Dingen zu benennen – unabhängig von den technischen Geräten, die dabei benutzt werden. IoT definiert ein globales Netzwerk von Geräten (Dinge wie Sensoren und Aktoren), welche über Standard Internet-Protokolle verbunden sind, während WoT einen Satz von Web-Diensten im Zusammenhang mit HTTP-Protokollen bezeichnet. Solche Dienste werden entwickelt, um physische Eigenschaften von Dingen zu messen und zu manipulieren.

Ein weiterer Begriff ist M2M (Maschine-zu-Maschine). Er definiert Technologien, die es ermöglichen, dass Geräte über verdrahtete oder drahtlose Verbindungen kommunizieren, und ist Teil von IoT. Schließlich wurde der Begriff „Internet of Everything" (IoE) von CISCO erfunden, um anzudeuten, dass neue oder existierende Technologien Menschen, Sachen, Prozesse, die das Verhältnis zwischen Menschen, Daten und Sachen beschreiben, und Daten über Netzwerk-Verbindungen zusammen gebracht werden, um solche Verbindungen wertvoller und relevanter als jemals zuvor zu gestalten, dabei Informationen zu Aktionen zu machen, um neue Fähigkeiten zu erzeugen, reichere Erfahrungen und wirtschaftliche Möglichkeiten für Firmen, Individuen und Länder. Die Idee dahinter ist Ubiquitous Computing. Dank des Internets kann IoT Anwendungen in der Information- und Kommunikationstechnologie hervorbringen und Lösungen anbieten wie

- Smart Cities
- Mobilität
- Gesundes Altwerden
- Im Energiesektor.

Durch das Internet und durch Web-Technologien kann jedes „Ding" Beiträge liefern oder Vorteile erhalten bezogen of neue Informationen, können Dienste angeboten werden, die eindeutig identifizierbar sind, und bleiben immer online. Es gibt außerdem noch weitere Anwendungen, die z. B. das Kulturerbe oder die Verbreitung bestimmter Kulturen im weitesten Sinne betreffen. In diesem Zusammenhang bedeutet in der Regel der digitale Ansatz zur kulturellen Förderung die Erstellung entsprechender Web-Seiten, in denen kulturelle Objekte beschreiben werden.

In diesem Sinne ist das IoT zunächst noch eine Vision, in der die globalen Elemente der Informationsgesellschaften vernetzt sind. Um diese Idee voranzutreiben, sind Auswirkungen auf die Hardware unabdingbar. Der Trend geht zu immer kleineren, miniaturisierten Rechnern und Prozessoren hin, ähnlich wie sie ja bereits in der Telematik bei z. B. den Wearables zum Einsatz kommen. Für die Identifikation der „Dinge" werden auch RFIDs, Sensoren oder Barcodes herangezogen. Abb. 8.2 zeigt einen möglichen Entwicklungspfad hin zum IoT.

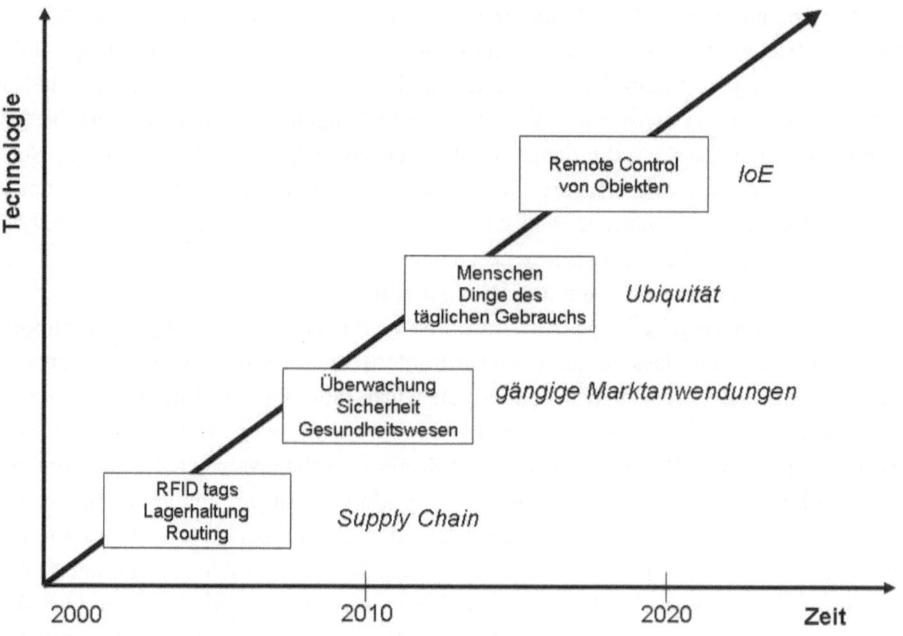

Abb. 8.2 Der Weg zum IoT

Auf der anderen Seite sorgt das IoT für wichtige Anreize für Geräte-Hersteller. Der Komplexität des IoT kann nur begegnet werden durch entsprechende Plattformen und entsprechende Tools. Hinzu kommen ganz neue Sicherheitsaspekte, die mit der massiven Weiterverbreitung des IoT einhergehen. Geräte-Entwickler müssen sich auf deren Funktionalität und einer erweiterten Service-Orientierung einstellen.

8.5   Die Praxis

Typische Anwendungen, die u. B. von der Windows IoT-Familie unterstützt werden, sind die folgenden Geräte und Zugänge:

- Einzelhandels-Peripheriegeräte:
- Barcode-Scanner
- Magnetstreifen-Lesegeräte
- Quittungsdrucker
- Registrierkassen
- Bezahlterminals
- Zugang zu Standard Bussen, wie
  - GPIO (General Purpose Input Output) Kontaktstifte
  - I2C: Geräte internes Kommunikationsprotokoll zwischen verschiedenen Schaltungsteilen

- Digitale Unterschrift
- Human-Machine-Interface
- Smart Building
- Smart Home-Geräte
- Mobile Point of Sales
- Betriebsdatenerfassung.
- Industrie-Tablets
- Bankautomaten
- Medizinische Geräte
- Verkaufsautomaten
- Geräte in der verarbeitenden Industrie
- Digitale Unterschrift
- Thin Clients.

8.6   Sicherheitsaspekte

Mittlerweile befinden sich komplexe Anwendungspakete auf dem Markt, die in wichtige Lebensbereiche eingreifen. Dazu gehören beispielsweise:

- Steuerung von Swimmingpools (Pumpe, Wassertemperatur, Beleuchtung etc.)
- Ultraschall-Entfernungsmesser
- Fernbedienung von Beleuchtungssystemen
- Steuerung von Trinkwasserspendern
- Steuerung von Geräuschpegeln
- Belüftungskontrolle
- Feuchtigkeitskontrolle
- Wasserverbrauchssteuerung
- Bewässerungssystem für Pflanzen
- Intelligenter Garten
- Ölstandsmonitor
- Windgeschwindigkeitsmesser
- Datenerfassung eines Heimtrainers
- Farbdetektor
- Sprachsteuerung von Robotern
- Wetterstationen
- Smart Car Anwendungen
- Herzschlag-Monitor
- Smartes Krankenbett
- Atemanalysegerät
- Überwachungskameras
- Intelligente Türklingel

- Garagentüröffnungssystem
- Diverse Sicherheitssysteme.

Und in der Industrie:

- Intelligente Steuerungssysteme mit den zugehörigen Konsolen und Endgeräten
- Intelligente Datenerfassungssysteme in Echtzeit
- Antriebstechnik
- Transportsysteme
- Mobile Automation
- Prozessleittechnik
- Stromversorgungen.

Die besonderen Risiken, die aus IoT-Anwendungen erwachsen, unterscheiden sich wesentlich von denen kommerzieller Anwendungen. Natürlich sind auch sie anfällig für Angriffe der üblichen Viren, Trojaner etc. Aber zusätzlich hat man es in diesem Bereich zum ersten Mal mit Malware zu tun, die direkt in die Prozessoren von technischen Anlagen eingreifen kann. Als Beispiel sei an dieser Stelle der Stuxnet-Virus genannt.

Stuxnet tauchte erstmalig im Jahre 2010 auf. Der Virus war gezielt auf bestimmte Steuerungen der Fa. Siemens ausgerichtet. Diese Steuerungen, Simatic S7, dienen dazu, z. B. Rotationsgeschwindigkeiten in bestimmten technischen Geräten über Frequenzumrichter zu kontrollieren. Unter anderem werden sie in der Wasserversorgung und Klimaanlagen eingesetzt. Die Wirkungsweise dieses Schadprogramms besteht darin, dass es die Geschwindigkeit von den zu steuernden Aggregaten über zulässige Grenzwerte hinaus erhöht, der zentralen Überwachungseinheit aber gleichzeitig die normale Einhaltung der Kontrollwerte meldet. Auf diese Weise können Industrieanlagen zerstört werden. Es wird vermutet, dass der Computerwurm in die Anreicherungsanlagen des iranischen Nuklearprogramms eingeschleust worden ist, und dass es daraufhin zu Störungen und Ausfällen beim Betrieb der Zentrifugen gekommen ist.

Die Übertragung eines solchen Virus kann z. B. über USB-Sticks und Laptop-Anschlüsse von Servicetechnikern erfolgen. Solche und ähnliche Viren können gezielt ganze Versorgungsnetze im Rahmen von Smart Energy Konzepten lahmlegen. Die Gefahr potenziert sich z. B. noch dadurch, dass in solchen Lösungen Versorgungsnetze mit Informationsnetzen gekoppelt sind.

Sicherheitsrichtlinie 9

Die hier vorliegende umfassende Beispiel-Richtlinie enthält allgemeine Elemente. Für spezifische Anwendungsfälle sind Raster vorgegeben, die an geeigneter Stelle ausgefüllt werden müssen. Dazu können Inhalte aus den entsprechenden Kapiteln dieses Buches übernommen werden.

9.1 Einleitung

Drahtlose Sicherheit ist Teil eines ganzheitlichen Konzepts IT-Sicherheit. Letzteres zerlegt sich in eine Vielzahl von Dokumenten, die zwar alle untereinander referenziert sind, deren Komplexität jedoch von der jeweiligen Installation abhängt. Man unterscheidet strategische, technische und organisatorische Maßnahmen und damit auch spezifische Richtlinien. Entsprechend variiert der Adressatenkreis. Eine Richtlinie zur Konzipierung von Firewalls interessiert z. B. den normalen User nicht. Er muss wissen, wie die Struktur seines Passworts auszusehen hat.

9.1.1 Sicherheitsanforderungen

Sicherheitsanforderungen werden auf unterschiedlichen Betrachtungsebenen sichtbar:

- in der strategischen und organisatorischen Einbindung in einer Organisation
- bei der Auswahl von Sicherheitsobjekten
- durch die Werkzeuge zur Sicherstellung der Anforderungen
- durch den Personenkreis, der die Anforderungen stellt.

© Springer-Verlag GmbH Deutschland, ein Teil von Springer Nature 2018   125
W. W. Osterhage, *Sicherheitskonzepte in der mobilen Kommunikation*,
https://doi.org/10.1007/978-3-662-57903-9_9

Diesen unterschiedlichen Dimensionen der Betrachtung wird im Folgenden Rechnung getragen. Sie hängen aber auch mit der Einschätzung spezifischer Risikolagen und möglicher Gegenmaßnahmen zusammen.

9.1.2 Risiken

Auch Risiken lassen sich mehrdimensional klassifizieren:

- nach Objekten (materiell, immateriell)
- nach Schadenspotential
- oder in Kombination.

Risiken variieren außerdem in Abhängigkeit vom Fortschritt von Angriffen: je weiter z. B. ein Eindringling in die Systeme vorankommt, desto höher wird das Restrisiko. Vollständig ausschalten lassen sich Risiken nie. Sinn und Gegenstand der vorliegenden Richtlinie ist es, alle erdenklichen Risiken so gering wie möglich zu halten. Für die später folgenden, technologieabhängigen Gefährdungspotenziale werden plausible Risiko-Szenarien entwickelt mit entsprechenden Vorsorge- und Kompensationsmaßnahmen

9.1.3 Maßnahmen

Wie weiter unten ausgeführt, unterscheidet man im Wesentlichen zwei Maßnahmenebenen:

- organisatorische und
- technische.

Beide funktionieren in der Regel zusammen und ergänzen sich. Maßnahmen können allgemeiner Natur sein, die grundsätzlich präventiv ein Sicherheitsumfeld schaffen, über das Sicherheitslücken allgemein kontrolliert werden. Dazu gehören Richtlinien, organisatorische Strukturen und technische Sicherheitseinrichtungen auf Hardware- und Software-Ebene. Weiterhin gibt es eine Vielfalt von spezifischen Maßnahmen, die konkrete Gefährdungsszenarien abdecken und im Einzelfall greifen. Dafür sind Prozesse vorzusehen, die bei Bedarf greifen. Solche Maßnahmen werden im später Folgenden fallweise abgehandelt.

9.2 Geltungsbereiche

Der Gültigkeitsbereich der IT-Sicherheit wird durch zwei Begrenzungen charakterisiert:

- organisatorisch
- zeitlich.

Die organisatorische Gültigkeit bezieht sich auf die Organisationseinheiten im Unternehmen, die von diesem System und der zugehörigen Dokumentation betroffen sind. In der Regel sind das alle. Bei Ausnahmen kann es sich z. B. um ausgelagerte Einheiten, Tochterunternehmen oder Beteiligungsgesellschaften handeln. In Übergangszeiten z. B. nach Fusionen, bestehen ebenfalls die Möglichkeiten, dass bestimmte Abteilungen, die mit separater Systemstützung gefahren werden, anders gesteuert werden. In den einschlägigen Dokumenten sind diese Gültigkeitsbereiche festzuschreiben.

Bei zeitlich begrenzter Gültigkeit handelt es sich normalerweise um Versionsstände. Jedes Dokument hat eine Versionsnummer, die auf das Hauptdokument verweist. Die Gültigkeitsaussage bezieht sich dann auf die aktuelle Version, in Ausnahmefällen auf Abschnitte von Vorgängerversionen. Auf jeden Fall gilt das letzte Update. Hierzu gehören auch Aussagen, wie mit Änderungen zu den einzelnen Dokumenten zu verfahren ist. Die Änderungen sind in einer Versionshistorie bis zur endgültigen Freigabe festzuhalten

9.2.1   Normative Verweisungen

Der gesamte Themenkomplex der IT-Sicherheit ist Gegenstand von nationalen Normen und Richtlinien, die an dieser Stelle kurz vorgestellt werden sollen. Detaillierte Informationen sind den Originaldokumenten zu entnehmen.

9.2.1.1 Gesetzliche Vorschriften

Zunächst ein Hinweis auf Gesetzeswerke, die unterschiedliche Aspekte der IT-Sicherheit berühren. Dazu gehören:

- Bundesdatenschutzgesetz (BDSG)
- Informations- und Kommunikationsdienstegesetz (IuKDG)
- Fernmeldeverkehr-Überwachungs-Verordnung (FÜV)
- Signaturgesetz (SigG)
- Signaturverordnung (SigV)
- Teledienstgesetz (TDK)
- Teledienste-Datenschutzverordnung (TDSV)
- Telekommunikationsgesetz (TKG)
- Datenschutzgrundverordnung (DGSVO).

9.2.1.2 Richtlinien und Normen

Das Bundesamt für Sicherheit in der Informationstechnik (BSI) hat Richtlinien entwickelt, die auf internationalen Normen beruhen. Der wichtigste Standard für Managementsysteme für Informationssicherheit (ISMS) findet sich unter BSI-Standard 100-1. Dem stehen ergänzend gegenüber die sogenannten IT-Grundschutzkataloge der BSI, in denen die unterschiedlichen Sicherheitsanforderungen fachlich ausgebreitet werden. Die Standardreihe des BSI 100-1 bis 100-3 liefert Lösungsanleitungen zur Umsetzung der im Folgenden kurz beschriebenen allgemeinen Normen und bietet auf diesem Wege eine Grundlage zur Zertifizierung z. B. nach ISO 27001.

9.2.1.3 Standard ISO/IEC 13335

Dieser Standard wie auch die folgenden wurde in Zusammenarbeit mit der International Electrotechnical Commission in Genf entwickelt. Es handelt sich bei diesem Dokument um eine Darstellung allgemeiner Grundsätze, die die Referenzbasis für weitere spezifische Standards darstellen. Dieser Standard beinhaltet im Wesentlichen:

- Konzepte und Modelle für die Sicherheit in der Informations- und Kommunikationstechnologie
- Technologische Voraussetzungen für das Management von Sicherheitsrisiken
- Richtlinien für die Netzwerksicherheit

9.2.1.4 Standard ISO/IEC 17799

Dieser Standard unterbreitet Lösungswege und Schrittfolgen für die strategische Einführung von IT-Sicherheitssystemen. Detaillierte technische Anleitungen sind nicht Gegenstand dieses Dokuments. Es hat definitiv Vorschlagscharakter ohne Verbindlichkeit.

9.2.1.5 Standard 27001

Der Standard lautet: „Information Technology – Security Techniques – Information Security Management Systems Requirements Specifications". Auch dieser Standard hat nur Empfehlungscharakter. Technische Anleitungen zur Umsetzung werden nicht gegeben.

9.3   Informations- und Kommunikationssicherheit

IT-Sicherheit spielt auch bei Einführungsprojekten eine wichtige Rolle. Sie kann als eigenständiges Gebiet eingeordnet werden oder im Zusammenhang mit dem übergeordneten Thema IT-Qualitätsmanagement gesehen werden. Selbst, wenn man es eigenständig neben IT-Qualitätssicherung stellt, sind die gegenseitigen Verflechtungen und Abhängigkeiten so stark, dass eine Betrachtung des einen ohne Rückgriff auf das andere nicht möglich ist. IT-Qualitätsmanagement ist Voraussetzung für eine saubere Umsetzung der Sicherheitsaspekte. Ohne Berücksichtigung der Sicherheitsaspekte gibt es keine Nachhaltigkeit im Qualitätswesen.

Die Abb. 9.1 zeigt die Einordnung von IT-Qualitätsmanagement und IT-Sicherheit in den Rahmen eines Gesamtprojekts:

Die Erfüllung der Sicherheitsanforderungen ist abhängig von der strategischen Einordnung dieser Aufgabenstellung insgesamt im Unternehmen. Es wird dargelegt, welche Voraussetzungen dafür geschaffen werden müssen. Dazu gehört auch eine effiziente Einbindung der Projektmitarbeiter.

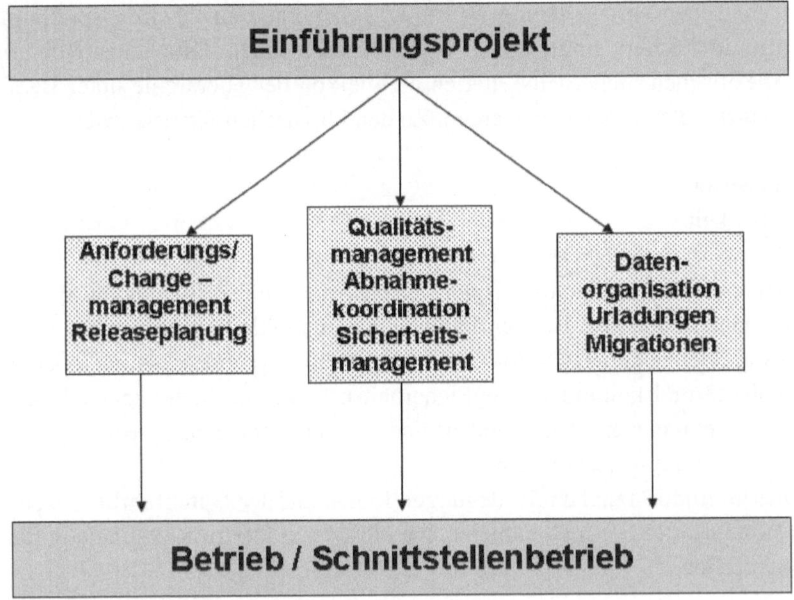

Abb. 9.1 Einordnung IT-Sicherheitsmanagement

9.3.1 Strategische Einbindung

IT-Sicherheitsmanagement ist ein Teil des übergeordneten Sicherheitsmanagements, welches das gesamte Unternehmen umfasst – also auch alle anderen materiellen und immateriellen Güter sowie alle Mitarbeiter. Insofern sollte das IT-Sicherheitsmanagement methodisch und prozessual in diese übergeordneten Aspekte eingebunden sein. Wenn von IT-Sicherheitsmanagement die Rede ist, ist damit selbstverständlich der gesamte Komplex der IT- und Kommunikationssicherheit gemeint.

Die IT-Sicherheit wird gewährleistet durch eine Reihe von konzeptionellen und organisatorischen Maßnahmen sowie die notwendigen technischen Voraussetzungen, die erforderlich sind, die Sicherheitsziele zu erreichen. Betroffen sind:

- IT-Prozesse
- Computersysteme
- Hardware
- Software
- Kommunikationseinrichtungen
- Daten
- Dokumentation.

Um die technischen Voraussetzungen für die IT-Sicherheit zu schaffen, spricht man auch von Security and Safety Engineering. Die Voraussetzungen dafür leiten sich von unternehmensspezifischen Sicherheitskriterien ab, die von der Hierarchie unter Beratung der Sicherheitsfachleute vorgegeben werden. Zu den klassischen Kriterien wie

- Datenintegrität
- Vertraulichkeit u. a.

können noch weitere wie zum Beispiel Verfügbarkeit und Authentizität hinzukommen. Verfügt ein Unternehmen z. B. über drahtlose Kommunikationsnetze, sehen die Kriterien anders aus als bei reinen LAN-Anwendungen. Dem zugrunde liegt auf oberster Ebene eine vereinbarte und kommunizierte Sicherheitspolitik. Die Sicherheitspolitik sollte als Teil der Unternehmensleitsätze verankert und mit entsprechenden Zuständigkeiten in der Unternehmensleitung versehen sein.

Aus diesen grundsätzlichen Festlegungen folgen auf der Durchführungsebene in hierarchisch strukturierter Form Dokumente, die diese Leitsätze zu Richtlinien umsetzen und mit Leben erfüllen.

9.3.2 Sicherheitsorganisation

Grundsätzlich sind alle Mitarbeiter und damit auch die Projektbeteiligten über die geltenden Sicherheitsrichtlinien im Unternehmen zu unterrichten. Das kann geschehen bei der Vergabe eines Accounts durch Zusendung entsprechender Dokumente. In spezifischen Fällen, z. B. bei der Nutzung von WLAN, sollte eine Schulung erfolgen. Eine Schulung für Administratoren sollte immer obligatorisch sein, da diese auf sensible Unternehmensdaten und Konfigurationen zugreifen. Die Sicherheitsaspekte, die bei Administratoren eine Rolle spielen, gehen naturgemäß über diejenigen für eine größere Allgemeinheit hinaus.

Nach erfolgter Schulung bzw. Kenntnisnahme der entsprechenden Sicherheitsdokumentation sollte jeder Mitarbeiter durch seine Unterschrift auf einem eigens dafür vorgesehenen Formblatt bestätigen, dass er informiert worden ist, und dass er mit der Richtlinie einverstanden ist und diese respektieren wird. Die unterschriebenen Bestätigungen sind durch die IT-Sicherheitsorganisation zu archivieren.

Die folgende Tab. 9.1 fasst noch einmal zusammen, welche strategischen Voraussetzungen für den Aufbau eines IT-Sicherheitsmanagements erforderlich sind:

Tab. 9.1 Checkliste IT-Sicherheit

Existiert ein IT-Sicherheitsmanagement?	Das IT-Sicherheitsmanagement befasst sich mit allen Sicherheitsaspekten beim Aufbau und dem Betrieb von IT-Installationen.
Sind die Belange des IT-Sicherheitsmanagements dokumentiert?	Voraussetzung für ein wirkungsvolles IT-Sicherheitsmanagement ist eine entsprechende Dokumentation.
Werden im Zuge des Sicherheitsmanagements die gängigen IT-Normen berücksichtigt?	ISO/IEC 13335, 17799, 27001 BSI 100-1 bis -3
Sind die IT-Sicherheitskriterien dokumentiert?	Sicherheit wird nach Kriterien wie Vertraulichkeit, Verfügbarkeit, Integrität u. a. spezifiziert.
Erfolgt nach IT-Sicherheitsschulungen eine unterschriebene Erklärung der Beteiligten?	Die Teilnahme an einer Sicherheitsschulung sollte im Interesse aller Beteiligten dokumentiert werden.
Wird die Einhaltung der Sicherheitsvorschriften regelmäßig kontrolliert?	Zur Kontrolle der Einhaltung der Sicherheitsrichtlinien sollte ein Maßnahmenplan erstellt werden.

9.3.3 Genehmigungsverfahren

Es sind Organisationsprozesse einzuführen, die die Genehmigung unterschiedlicher Dienste bzw. Objekte absichern, dazu gehören:

- Vergabe von Accounts
- Zugriffsberechtigungen auf Anwendungen
- Verfügungsgewalt über Endgeräte.

In der Regel sind damit drei Instanzen befasst:

- der Beantragende
- sein Vorgesetzter
- der Freigebende.

Der Vorgang ist zu dokumentieren und nachgeordnete Organisationseinheiten sind zu informieren (Controlling, Einkauf etc.). Verlässt der Antragsteller die Organisation, so werden die Genehmigungen zurückgegeben.

9.3.4 Vertraulichkeit

Ein weiterer wesentlicher Vorgang, um die Sicherheit in Organisationen zu erhöhen, besteht in der Verpflichtung zur Vertraulichkeit. Allgemein ist diese Verpflichtung arbeitsvertraglich geregelt, sodass keine gesonderten Dokumente verfasst werden müssen. Außerdem gelten die Bestimmungen auch für den Zeitraum nach Verlassen einer Organisation. Es gibt jedoch gelegentlich die Notwendigkeit einer spezifischen Vertraulichkeitsbelehrung, wenn Personen es z. B. im Rahmen von Projektarbeit mit hochsensiblen Daten zu tun bekommen. In solchen Fällen kann die Vertraulichkeitsverpflichtung sich auch gegenüber organisationsinternen Einheiten und Personen innerhalb einer Organisation restriktiv erstrecken. Mitunter ist dazu auch die Unterzeichnung eines gesonderten Papiers erforderlich. Dabei muss es sich nicht nur um Daten handeln. Auch Berichte über interne Prozessabläufe lassen Rückschlüsse über Zugangsmethoden, Anwendungen usw. zu.

9.4 Physische Sicherheit

Neben den weiter unten beschriebenen Sicherheitsproblemen in direktem Zusammenhang mit der Informations- und Kommunikationstechnologie existieren die ganz normalen Sicherheitsaspekte bei Gebäuden und Betriebsmitteln, die meistens auch physisch gelöst werden müssen.

9.4.1 Objekte

Zu den sicherheitsrelevanten Objekten sind zu zählen:

- Das gesamt Areal eines Unternehmens/einer Organisation
- Alle Gebäude; hiervon besonders Räume, die direkten oder kommunikativen Zugang zu Rechnersystemen und Kommunikationseinrichtungen zulassen.
- Versorgungseinrichtungen
- Sämtliche Hardware im Zusammenhang mit Information und Kommunikation, beweglich oder fest installiert
- Die nähere Umgebung des Firmengeländes, sofern davon über drahtlose Wege Zugang zu internen Systemen versucht werden kann.

Die genannten Einrichtungen müssen sicherheitstechnisch unterschiedlich abgedeckt werden, sofern eine direkte Einflussnahme überhaupt möglich ist.

9.4.2 Zutritt

Die erste und wichtigste Hürde vor unbefugtem Zugriff ist die selektive Gewährung des Zutritts zu den Einrichtungen einer Organisation. An dieser Stelle sollen dazu keine detaillierten Ausführungen gemacht werden, da es sich bei der Zutrittskontrolle um einen eigenen Wissenszweig handelt. Entscheidend ist, dass unter Ausnutzung der jeweils aktuellen technologischen Möglichkeiten alle Räume, die zentrale Hardware für die Systemanwendungen beherbergen, durch gesonderte Zutrittsmechanismen innerhalb der ohnehin schon praktizierten Gebäudezugangssicherheit abgesichert werden.

In den einzelnen Büroräumen, in denen sich Endgeräte befinden, sollten diese Geräte fest verankert und nach Verlassen des Büros grundsätzlich ausgeschaltet sein.

9.4.3 Bedrohungen

Wie weiter unten im Einzelnen ausgeführt, sind die möglichen Bedrohungen vielfältig und für den Bereich der drahtlosen Kommunikation spezifisch und gehen über klassische Bedrohungsszenarien hinaus. Grob lassen sie sich wie folgt klassifizieren:

- Direkter Zugriff mit der Absicht, zu zerstören bzw. zu stören, auf zentrale Hardware
- Ausspähversuche auf zentrale Anwendungen
- Ausspähversuche auf dezentrale Anwendungen
- Manipulationsversuche zentraler und/oder dezentraler Daten
- Einsatz von Malware
- Diebstahl von Endgeräten.

Zu alldem gibt es zahlreiche Facetten, die im Einzelnen betrachtet werden sollen.

9.4.4 Betriebsmittel

Zu den gängigen Betriebsmitteln, die ein Gefährdungspotenzial bergen können, gehören:

- Zentrale IT-Einrichtungen
- Fest installierte Peripheriegeräte
- Mobile Endgeräte
- Externe Speichermedien
- Kommunikationsbausteine (Modems, Ports, Switches usw.)

9.4.5   Versorgungseinrichtungen

Versorgungseinrichtungen können Gefährdungen erzeugen, wenn sie:

* nicht funktionieren oder
* falsch funktionieren.

Zu den ersten gehört die Stromversorgung. Um Unterbrechungen vorzubeugen, sind entsprechende Notstromaggregate vorzusehen. Bei den letzteren kann es sich z. B. um Wasserversorgung handeln, wenn durch Rohrbruch Wassermengen in Rechnerräume eindringen und die Hardware dort gefährden. Für beide Fälle sind Notfallpläne auszuarbeiten.

9.4.6   Entsorgung

Neben den üblichen Entsorgungsvorschriften gesetzlicher Art sind insbesondere für Endgeräte zusätzliche Aspekte der Unternehmens- und IT-Sicherheit zu beachten:

Vor der Entsorgung sind alle gespeicherten Daten, insbesondere Steuerungsdaten zu löschen bzw. so zu neutralisieren, dass sie auch von versierten Technikern nicht zu rekonstituieren sind.

Firmenhinweise, evtl. Typenschilder und Inventarlabels sind zu entfernen, sodass Rückschlüsse auf das ursprüngliche Verwendungsunternehmen nicht möglich sind.

9.5   Dokumentation

Hier die wichtigsten Elemente, die in individuellen Richtlinien zu berücksichtigen sind:

* Gegenstand der Richtlinie (z. B. Hardware: Laptop; Software: Intranet ....)
* Beantragungsverfahren zur Nutzung
* Verantwortlichkeit für die Vergabe von Rechten
* Begrenzung der Nutzung und Kosten
* Verbote
* Haftung
* Schäden

Richtlinien sind allgemeiner Art oder beziehen sich auf spezifische Technologiefelder. Sie gliedern sich in die eigentliche Richtlinie und dann in entsprechende Durchführungsbestimmungen.

9.5.1 Prozesse

Ähnlich wie bei anderen Aspekten des Qualitätsmanagements auch spielt bei der Überprüfung, Einhaltung und Fortentwicklung der nach dem amerikanischen Qualitätsguru Deming benannte Prozess auch in der IT-Sicherheitsphilosophie eine wichtige Rolle. Die Abb. 9.2 zeigt diesen Prozess schematisch:

Es geht immer wieder um den gleichen Zyklus:

Systemaufbau > Einführung > Analyse > Verbesserung.

Das, was oben angeregt wurde, muss organisatorisch und technisch vorbereitet werden. Dann erfolgt die Einführung unter Einbeziehung aller Beteiligten. Nach einer gewissen Laufzeit werden Erfahrungen gesammelt, die dann schließlich wieder in neue Vorschläge und Verbesserungen in das System einfließen. Und der Prozess beginnt von vorn. Dabei ist zu bedenken, dass die Laufzeitphase nicht mit einer Erprobungsphase gleich zu setzen ist. Vielmehr handelt es sich um einen kontinuierlichen Prozess mit festgelegten Review-Intervallen. Auch geht es nicht ausschließlich um Verbesserungen aufgrund von anfänglichen Design-Fehlern. Vielmehr soll durch den Gesamtprozess sichergestellt werden, dass gerade im IT-Bereich Schritt gehalten wird mit den neuesten technologischen Entwicklungen in Bezug auf Sicherheitsaspekte.

9.5.2 Verbindlichkeiten

Eine Richtlinie ohne sanktionsfähige Verbindlichkeit hat nur den Wert des Papiers, auf dem sie ausgedruckt werden kann. Juristisch gibt es eine Reihe von Möglichkeiten, die Einhaltung einer Richtlinie zu gewährleisten.

9.5.2.1 Zuwiderhandlungen

Anzeige an IT-Sicherheitsbeauftragten

Abb. 9.2 Deming Prozess

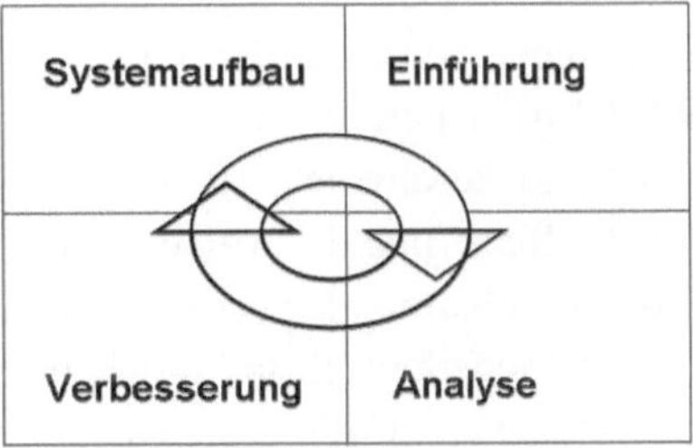

9.5.2.2 Bestätigung der Belehrung/Muster

Die Richtlinie sollte Teil der umfassenden Sicherheitsbelehrung von Mitarbeitern sein. Im Anschluss kann dann folgende Vereinbarung unterzeichnet werden: ....

Kenntnisnahme der Richtlinie

Bitte lesen Sie die vorliegende Richtlinie und zeichnen Sie unten auf dem Dokument gegen. Eine Kopie mit Ihrer Unterschrift geht an den IT-Sicherheitsbeauftragten.

Ihre Unterschrift bestätigt:

Ich habe die Richtlinie erhalten, verstanden und stimme ihr zu.

Bestätigung im Einzelnen der Vorgaben aus der Richtlinie.

Bestätigung der Vertraulichkeitsklausel

Bestätigung der Haftung und Verantwortlichkeit

Ich habe verstanden, dass Zuwiderhandlungen zur Richtlinie rechtliche Konsequenzen haben können.

Name des Beschäftigten

Unterschrift des Beschäftigten

Abteilung

Datum.

9.6   Drahtlose Sicherheit

An dieser Stelle können jetzt Ausführungen aus den vorhergehenden Kapiteln eingebracht werden, z. B.:

9.6.1 Freie und geschützte Netze
9.6.2 WLAN-Generationen.
9.6.3 Sicherheitsanforderungen
9.6.3.1 Absicherung der Verfügbarkeit
9.6.3.2 Sicherung der Datenintegrität
9.6.3.3 Sicherung der Authentizität
9.6.3.4 Sicherung der Vertraulichkeit
9.6.3.5 Sicherheitseinstellungen am Router
(Gastzugänge, SSID verstecken, Kanalwahl)
9.6.3.6 Sicherheitsrisiken
9.6.4 Mobiltelefonie
9.6.4.1 Grundsätzliche Gefährdungspotenziale und strategische Gegenmaßnahmen

9.7 Zusammenfassung

Diese Generalrichtlinie ist Grundlage für weitere Handlungsanweisungen, die im Einzelfall für Personenkreise ausgearbeitet werden, die bestimmte Technologien nutzen. Auf diese Handlungsanweisungen sollen Einzelpersonen verpflichtet werden, für die diese Arbeitsbereiche zutreffen. Die Verpflichtung erfolgt nach einer Belehrung bzw. Schulung durch Unterzeichnung eines entsprechenden separaten Dokuments wie oben ausgeführt. Diese Richtlinie selbst dokumentiert die strategischen Sicherheitsüberlegungen einer Organisation, für die sie erstellt wurde und ist damit Teil der IT-, der sonstigen Sicherheitsstrategie und der Unternehmensstrategie selbst.

Telematik

10.1 Definition

Die EU definierte 1994 die Telematik als die „getrennte oder gemeinsame Anwendung von Telekommunikationstechnik und Informatik". Ursprünglich wurde dieser Begriff von den Franzosen Simon Nora und Alain Minc im Rahmen einer Studie über die Informatisierung der Gesellschaft zum ersten Mal verwendet. Die Beeinflussung weiter Lebensbereiche durch die Telematik ist möglich geworden durch das Auftreten von Big Data, der Sammlung und Verwertung großer Datenmengen.

10.2 Einleitung

Informationswissenschaften haben Algorithmen hervorgebracht, die das öffentliche Leben beherrschen:

- Moderne Vertriebsinstrumente
- Der Einsatz von Smart Grids
- Elektroautos
- Intelligente Häuser und
- Energiebilanzen.

Die Beteiligten an den Szenarien sind der Staat, Unternehmen und Privatpersonen.

Technische Möglichkeiten beeinflussen nicht nur deren Anwendungen innerhalb ihres eigenen technischen Kontextes, sondern führen oftmals – gewollt oder als Nebenprodukte – zu Datensammlungen, die zu unterschiedlichen Zwecken genutzt werden können. Diese Daten betreffen viele Lebensbereiche – ob wir wachen oder schlafen. Selbst die Schafe in der Lüneburger Heide unterliegen den Regeln der örtlichen Landwirtschaftskammer

© Springer-Verlag GmbH Deutschland, ein Teil von Springer Nature 2018
W. W. Osterhage, *Sicherheitskonzepte in der mobilen Kommunikation*,
https://doi.org/10.1007/978-3-662-57903-9_10

und sind wahrscheinlich gechippt oder zumindest mit einer Kennzeichnung versehen, die elektronisch ausgelesen und damit von Rechnersystemen verwaltet werden kann.

10.3 Big Data

Der Begriff „Big Data" ist zurzeit nicht eindeutig definiert, da er einerseits für bestimmte Technologien (Hardware, Datenbanken) steht, andererseits eine Philosophie des Umgangs mit gewaltigen Informationsmengen benennt. Auf jeden Fall geht es um große Datenmengen, deren Volumen, Zusammenführung und Verarbeitung sich den herkömmlichen Methoden der Datenverarbeitung entziehen.

Die Daten, um die es hier geht, sind – Personen bezogen – alle Daten, die irgendwie und irgendwo generiert werden: aus Behörden, Unternehmen, Überwachungssysteme, dem medizinischen Bereich, Veröffentlichungen etc. Der private Bereich ist dabei möglichst mit eingeschlossen. Die gesammelten Daten sind von Interesse für beispielsweise CRM-Analysen, aber auch für polizeiliche oder strafrechtliche Ermittlungen.

Es gibt viele Gründe, warum sich das weltweite Datenvolumen in den letzten Jahren so dramatisch vergrößert hat und es ständig noch tut:

- Aufzeichnungen von Telefonverbindungen,
- Cookies,
- Finanztransaktionen,
- Energieverbräuche (Smart Grid),
- Laboranalysen im Gesundheitswesen

– was Personen bezogene Informationen angeht. Daneben existiert eine Fülle technischer, wirtschaftlicher und wissenschaftlicher Daten. Die interessierten Stakeholder in diesem Spiel sind

- Marketingabteilungen in Wirtschaftsunternehmen
- Börsenaufsicht
- Energiesektor
- Krankenversicherungen
- Telkommunikationsunternehmen
- Geheimdienste
- Polizei.

In den Informations- und Sozialwissenschaften werden mittlerweile Stimmen laut, die behaupten, konsistente, umfassende Theorien könnten sich dadurch erübrigen, dass man nur riesige Datenmengen in unterschiedlichen Dimensionen analysieren müsste, um schlüssige Ergebnisse zu erzielen. Demgegenüber steht die Tatsache, dass die Datensammlung lediglich technische Gesichtspunkte berücksichtigt, denen keine apriorischen Modelle zugrunde liegen. Das bedeutet, dass die Menge von Daten noch nichts über deren

Qualität aussagt. Insbesondere scheinen bei der Verwendung von Big Data auch ethische Gesichtspunkte keine Rolle zu spielen. Es geht lediglich um Verfügbarkeit.

10.4   Einsatzbereiche

Das Sammeln aller erdenklichen Daten, deren Speicherung in Datenbank-Management-Systemen (DBMS) und deren eventuelle analytische Verarbeitung hat aber zunächst noch nichts mit dem zu tun, was landläufig unter Telematik verstanden wird. Telematik verlangt zwei Dinge:

- die geplante Registrierung von Daten oder Messwerten ausgesuchter Kategorien
- ein übergeordnetes Ziel, warum gerade diese Kategorie von Daten aufgenommen werden soll.

Demzufolge kann man die folgenden Einsatzbereiche in der Telematik unterscheiden (beispielhaft; die Liste ist nicht vollständig):

- In der Logistik: zur Optimierung von ERP- und CRM-Systemen (E-Commerce, Bestandsmanagement, Prozessmanagement beim Internet-Einkauf)
- In Buchungssystemen: Autovermietung, Hotels, Fahrkartenbestellungen bei der DB oder Verkehrsverbünden, Ticket-Reservierungen für Konzerte etc.
- In Überwachungssystemen zur Verkehrskontrolle (Stau-Management, Mautsysteme)
- In Automobilen: (s. dazu den Abschnitt über Kfz-Versicherungen weiter unten)
- In der Medizin (s. dazu den Abschnitt über Krankenversicherungen weiter unten)
- Bei Geldgeschäften: Kreditkartenverkehr, online-Banking
- In der Energiewirtschaft: Smart Grid, Smart Energy (s. dazu zugehörigen Beitrag weiter unten), registrierende Lastgangsmessung
- In bestimmten Arbeitsbereichen: Homeoffice, Arbeitskleidung, die mit bestimmten Sensoren ausgestattet ist (Beispiel: Feuerwehranzüge, Helmkameras)
- In Sicherheitseinrichtungen: Überwachungskameras, Scanner, Zutrittskontrollsysteme
- Pre-Crime –Analytics (s. dazu den zugehörigen Abschnitt weiter unten)

Für all die genannten Einsatzbereiche sind Technologien zur Erfassung der erforderlichen Informationen entwickelt worden, von denen wir im Folgenden einige vorstellen werden.

10.5   Wearables und Technologien

Um überhaupt die angesprochenen Ziele und Anwendungen in der Telematik zu realisieren, müssen die Daten, die in Frage kommen, ja zunächst eingefangen werden. Dazu bedient man sich unterschiedlicher Technologien:

- fest eingebaute Blackbox

Diese können z. B. bereits in neuen Kraftfahrzeugen eingebaut sein, oder bei Bedarf nachgerüstet werden. Die Blackbox zeichnet die wichtigsten Fahrzeugdaten mit Hilfe spezieller Sensoren auf. Diese Daten werden dann einer vertraglich vereinbarten Service-Werkstatt übermittelt, damit diese bereits vor einer fälligen Wartung eventuell benötigte Verschleißteile bestellen und bereit halten kann. Außerdem besteht die Möglichkeit der Fern-Diagnose.

Der Gesetzgeber sieht vor, ab dem 01.04.2018 jedes neu zugelassenen Fahrzeug mit einer Blackbox auszurüsten, um das System eCall mittels Crash-Recorder nutzen zu können. Im Falle eines schweren Verkehrsunfalls würde automatisch ein Notruf unter der Nummer 112 abgesetzt. Folgende Informationen würden mindestens übermittelt:

- GPS-Koordinaten
- Zeitpunkt
- Fahrtrichtung
- Fahrzeug-ID

Zu den Daten, die optional im Falle eines Unfalls übermittelt werden können, gehören die Anzahl von Personen im Fahrzeug, die horizontale und vertikale Fahrzeuglage usw.

Weitere Nutzungsgebiete sind die nachrüstbaren On Board Units, wie sie z. B. für Toll Collect eingesetzt werden für die Abrechnung von LKW-Verkehr auf Autobahnen.

Derzeit gibt es 4 verschiedene Technologien zur Erfassung und Übermittlung der riesigen Datenmengen: OEM, nachrüstbare Systeme OBU, nachrüstbare Dongle und 2 nachrüstbare hybride Lösungen sowie die Wearabletechnologie als originäre hybride Lösung (Health-Tracker: Fitnessarmband + Smartphone).

- Dongle

Hierbei handelt es sich um einen Stecker, der z. B. in den Zigarettenanzünder eines Autos eingeführt werden kann. Grundsätzlich kann ein solches Gerät die gleichen Daten aufzeichnen wie jede andere On Board Unit auch.

- Hybride Lösungen

Unter Hybriden Lösungen versteht man das Zusammenwirken zwischen einer On Board Unit und einem Smartphone. Dabei kann das Smartphone zunächst als reines Anzeigegerät für die über die Blackbox gesammelten Daten dienen, andererseits auch als Übermittlungsgerät dieser Daten an einen externen Empfänger, z. B. eine Versicherungsgesellschaft. Die Übertragung von Blackboxdaten auf das Smartphone kann über eine Bluetooth-Schnittstelle geschehen.

- Wearables

Wearables – zu Deutsch etwa „tragbare Dinge" – sind alle Geräte oder technische Elemente, die eben ohne größeren Extra-Aufwand getragen werden können. Dazu gehören

- Smartphones
- Intelligente Brillen (Google-Brille)
- Intelligente Armbänder
- Kleidung, die mit bestimmten Sensoren oder Kameras ausgerüstet ist

Solche Geräte und Techniken ermöglichen es, z. B. gesundheitsspezifische Informationen aufzuzeichnen oder weiter zu geben:

- Wie viel Schritte ist jemand am Tag gelaufen?
- Pulsfrequenz
- Körpertemperatur etc.

10.6   Telematik in den Kfz-Versicherungen

Schon seit etlichen Jahren werden Telematik-Anwendungen im Rahmen von Kfz-Versicherungen in vielen Ländern genutzt (Großbritannien, Italien, Österreich, USA). Beispiele sind die so genannten UBI-Tarife. UBI steht für Usage Based Insurance. Wie der Name schon sagt, basieren die vereinbarten Tarife auf die Art der Nutzung von den versicherten Fahrzeugen. In diesem Zusammenhang unterscheidet man zwei unterschiedliche Tarifkategorien:

- PAYD: Pay As You Drive
- PHYD: Pay How You Drive

PAYD ist ein Tarif, der die Nutzungshäufigkeit des Fahrzeugs zur Grundlage hat – also im Wesentlichen die Anzahl gefahrener Kilometer. In Deutschland werden diese Tarife mittlerweile von allen großen Versicherungsgesellschaften angeboten.

PHYD nimmt neben der Nutzungshäufigkeit den Fahrstil des Nutzers ins Visier. Die Anwendung insbesondere dieser Tarifart zielt auf eine Reduzierung von Unfall- und Schadenshäufigkeiten. Statistiken scheinen diese Annahme zu bestätigen.

Kraftfahrzeuge, die heute auf dem Markt angeboten werden, verfügen über etwa 1000 Sensoren, die die unterschiedlichsten technischen Daten messen. Die dazu erforderliche Rechenleistung ist erst durch eine weitgehende Miniaturisierung von Steuereinheiten mit entsprechender MIPS-Verarbeitung möglich geworden. Teilweise wird die Erfassung von bestimmten Daten durch EU- oder nationale Gesetzgebung für Neufahrzeuge aller Art (PKW, Nutzfahrzeuge, Busse) vorgeschrieben.

Zu den wichtigsten Daten, die bei der Anwendung der genannten Tarifkategorien eine Rolle spielen, gehören:

- Position (über GPS)
- Gefahrene km (inklusive Dauer und Zeitstempel)
- Streckenverlauf (inklusive Stopps. Leerlaufzeiten), Streckenart (Stadt, Landstraße, Autobahn)

- Geschwindigkeits- und Beschleunigungsprofil (inklusive Kurvenbeschleunigung)
- Durchschnittsgeschwindigkeit (unter Zuhilfenahme von anderen Streckeninformationen lassen sich auch Verstöße gegen Geschwindigkeitsbegrenzungen ermitteln)
- Bremsverhalten
- Kraftstoffverbrauch/Kohlendioxidausstoß

Solche und ähnliche Daten werden der betreffenden Versicherungsgesellschaft übermittelt und mit den bereits vorhandenen statischen Informationen über den Fahrzeughalter kombiniert. Zu den letzteren gehören:

- Schadensstatistik
- Bonität
- Alter
- Adresse
- Geschlecht
- Nationalität
- Führerscheindatum.

Hinzugezogen werden außerdem Fahrzeug spezifische Daten, wie:

- Marke
- Leistung
- Leergewicht
- Ausstattung (ABS, Airbag, ESP, RDKS etc.)
- Erstzulassung

Intelligente Algorithmen führen die dynamischen, gemessenen Daten mit den statischen Informationen zusammen und berechnen daraus individuelle Prämien auf Basis eines kalkulierten Scores, der auf einer Skala zwischen 0 und 100 liegen kann, wobei 0 der schlechteste und 100 der beste Wert ist. Auf Grund dieses Scores lassen sich jetzt entsprechende Prämien festlegen. In der Vergangenheit spielten lediglich die folgenden Informationen bei der Prämienberechnung eine Rolle:

- Marke und Typ
- Fahrzeugalter
- Fahrleistung pro Jahr
- Unfallfreiheit

PHYD wurde von PTV AG entwickelt, vom Land NRW frei gegeben und 2013 erstmalig von der S-Direkt angeboten. Weitere größere Versicherungsunternehmen folgten.

Im Rahmen der PHYD-Datenermittlung boten sich bald neben den versicherungsrelevanten Anwendungen weitere Möglichkeiten an. Hier ist insbesondere der eCall zu nennen – eine Funktion, die im Falle eines Unfalles den Vorfall an eine zentrale Leitstelle per Notruf 112 meldet. eCall kann ebenfalls genutzt werden, um einen Pannendienst zu benachrichtigen. PHYD-Daten ermöglichen zudem die Ortung eines verlorenen oder gestohlenen Fahrzeugs.

10.7 Telematik in der Krankenversicherung

Nach der neuesten Gesetzeslage konnte ab 2016 die Telematik auch im Gesundheitswesen umfangreich genutzt werden, während in der Vergangenheit eine so genannte Telemedizin nur ausnahmsweise zugelassen war. Mittlerweise existieren die Möglichkeiten:

- Telemonitoring
- Telediagnostik
- Telekonsil.

Das kann dadurch geschehen, dass die Vitaldaten von Patienten auf das Webportal eines Arztes übertragen werden.

Allerdings sind entsprechende „Telematik"-Tarife schon seit mehreren Jahren bekannt. Dabei handelt es sich teilweise um:

- Rückerstattungen
- Bonus-Leistungen
- Spartarife
- Rabatte.

Über freiwillige Weiterleitung von persönlichen Gesundheitsdaten an die Krankenkassen sollen Versicherte zu einem gesunden Lebenswandel angehalten werden. Das kann z. B. geschehen durch das Sammeln von Daten, die im Rahmen von Fitnessprogrammen anfallen:

- Laufen
- Joggen
- Trekking
- Führen eines Ernährungstagebuchs:
- Kalorienaufnahme
- Schlafdauer
- Pulsraten etc.

Eine andere Möglichkeit ist das Sammeln und Weitergeben von Daten über so genannte Health-Tracker – entweder nach wie vor über Fitness-Apps oder automatisch z. B. über spezielle Armbänder. Aufgenommen werden dabei u. a. folgende Daten:

- Position (per GPS)
- Gelaufene Zeitdauer
- Strecke (bei Nutzung eines Fahrrades)
- Gezählte Schritte beim Treppensteigen
- Pulsrate
- Blutdruck
- Körpertemperatur

Diese Informationen können dann mit bereits vorhandenen statischen Daten kombiniert werden:

- Gewicht
- Körpergröße
- Alter
- Krankheitsgeschichte
- Dauermedikamente
- Befunde über chronische Erkrankungen etc.

Die gesammelten Informationen werden neben den sonstigen Versicherungsinformationen in einem so genannten Gesundheitskonto gespeichert.

Um die Versicherten anzuhalten, sich diesen Prozessen anzuschließen, haben die Krankenkassen bestimmte Incentives entwickelt. Dazu gehören:

- Zuschüsse bei Health-Trackern
- Geldwerte Vorteile
- Gutscheine
- Rabatte
- Sonstige Geschenke

Neben diesen Telematik-Anwendungen, die von etablierten Krankenkassen gefördert werden, steht es jeder Person frei, sich in das reichhaltige Angebot von Gesundheitsplattformen aller möglichen Anbieter einzuklinken:

- Microsoft Health
- Google Fit
- Telekom Healthcare
- Apple Health u. a.

Diese und andere Anbieter stellen Funktionen zur Verfügung (Apps), die u. a. nachfolgende Möglichkeiten bieten:

- Medikamentennebenwirkungscheck
- Medikamenteneinnahmedokumentation

- Anstöße (Trigger) zum Fitnessprogramm.

Dabei entstehen nebenher Fallakten, die autonom neben den offiziell bei den Kassen oder Hausärzten geführt werden – aber mit letzteren nicht unbedingt konsistent sein müssen. Wer Lust hat, kann seine gesamten Gesundheits- bzw. Krankheitsinformation auch in sozialen Netzen „teilen".

Zurzeit bewegt man sich in Deutschland in einer Grauzone, was die Legitimität von Tarif relevanten Vorteilsvergaben durch Krankenkassen im Gegenzug zur Weiterleitung all dieser Patienteninformationen betrifft. Ein Problem ist das augenscheinliche Fehlen einer zertifizierten Qualitätssicherung bei der Sammlung und Verarbeitung dieser Daten. Die Versicherten geben die Informationen ja in unkontrollierter Form weiter, d. h. es ist z. B. nicht bekannt, in welchem Umfeld unter welchen Bedingungen die Daten gemessen wurden. Die instrumentellen Geräte, mit denen die Messungen erfolgen (Helath-Tracker), sind als „medizinischen Geräte" nicht zugelassen. Daneben sind allerdings andere gesundheitsfördernde Maßnahmen als Bonus relevante Incentives erlaubt:

- Besuche von Fitness-Studios
- Bestimmte Wellness-Urlaube (werden von einige Kassen selbst angeboten)
- Wellness-Reisen (dito)

Es scheint aber, als würde die Telematik im Gesundheitswesen mit den hier geschilderten Ausprägungen nicht mehr aufzuhalten sein. Der Sammlung von Vitalparametern von Versicherten und Patienten sind wohl keine Grenzen zu setzen.

10.8   Telematik im Energiesektor

Im Zuge der Smart Energy Bestrebungen erhofft sich der Staat, durch eine intelligente Steuerung des Energieverbrauchs weniger Erzeugungskapazitäten zu benötigen trotz steigenden Verbrauchs. Die intelligenten Systeme, die eine Integration von Energieströmen mit Informationsströmen bedeuten, benötigen dazu jedoch die Preisgabe privater, teilweise intimer Informationen in nie dagewesenem Ausmaß.

Dazu erforderlich ist der Einsatz von Smart Metern. Smart Metering ist das englische Wort für „intelligente Messung". Diese Smart Meter, die die herkömmlichen Zähler ersetzen, ermöglichen eine bidirektionale Kommunikation zwischen Verbraucher und Lieferant. Sie sind seit einiger Zeit für alle Neubauten mittlerweile vorgeschrieben in unserem Lande. Auf der einen Seite ermöglichen sie, wenn die technischen Voraussetzungen umgesetzt sind, die Weitergabe von Informationen wie zum Beispiel aktuelle Verbrauchswerte – und zwar Geräte bezogen – an den Stromlieferanten, und umgekehrt, zeitnah aktualisierte Tarife zu empfangen.

Zu den Informationen, die aus einem so genannten Smart Home an den Versorger geschickt würden, gehören beispielsweise:

- Einsatzzeiten und der Verbrauch von elektrischen Großgeräten (Waschmaschine, Trockner)
- Aufstehzeiten von Familienmitgliedern (Energieverbrauch beim Duschen)
- Einschalten von Kleingeräten (Kaffeemaschine, Toaster)
- Nutzungszeiten von Computern und elektronischen Unterhaltungsmedien
- Heizverhalten etc.

Werden Elektroautos in die Energiekreisläufe eingebunden, lassen sich Informationen über Fahrtzeiten, Fahrtziele (Elektrotankstelle, Buchungen der Verbräuche auf persönliche Kreditkarten) ermitteln.

Damit wäre das Smart Grid bzw. die Smart Energy umgesetzt. Weitere Voraussetzungen sind:

- Prognose-Algorithmen für Erzeugungs- und Verbrauchsmengen,
- Algorithmen zur Vereinbarung und Steuerung von Verbrauchsmengen zwischen Lieferant und Verbraucher,
- Entsprechende Kommunikationseinrichtungen (Smart Panel etc.)
- Vertragswerke, die diese Kommunikation regeln.

Technisch gesehen, lassen sich diese Anforderungen bereits heute umsetzen, ihre kommerzielle Verbreitung lässt allerdings noch auf sich warten.

10.9   Bezahlterminals

Auf die Problematik mit der Informationsweitergabe und Datensammlung bei Bezahlterminals und Bezahlkarten ist bereits in den vorangegangenen Kapiteln 5 und 7 eingegangen worden.

10.10 Telematik in der Verbrechensbekämpfung: Pre-Crime–Analytics

Es gibt einen Film von Steven Spielberg mit Tom Cruise in der Hauptrolle: „Minority-Report", der in dem Jahre 2002 zu sehen war. In diesem Film geht es um Polizeimethoden, die darauf hinausführen, Verbrechen und damit Verbrecher bereits vor der Tat zu identifizieren und damit zu verhindern. Das wird in dem Film erreicht durch den Einsatz von lebenden Medien. Anders dagegen das Projekt FAST (Future Attribute Screening Technology) des US-Heimatschutzministeriums. Hier soll mit technischen Mitteln Ähnliches erreicht werden.

FAST soll in der Lage sein, aufgrund bestimmter Kriterien Verdachtsmomente zu identifizieren, die bei Personen eine Absicht, kriminelle Akte zu begehen, erkennen lassen. Diese Kriterien bzw. Daten gliedern sich in zwei Kategorien: statische (wie z. B.

ermittelbar aus den Angaben in Pässen und Ausweisen; also: Alter, Geschlecht, Nationalität, Herkunft etc.) und dynamische, die sich aus direkten und sekundären Verhaltensäußerungen ergeben: Atem- und Herzschlagsfrequenz, Hauttemperatur usw.

Eingesetzt werden soll FAST bei Großveranstaltungen und natürlich in Flughäfen – überall dort, wo viele Menschen zusammen kommen und wo sich empfindliche Infrastruktur befindet. Ob das Projekt bereits über das Laborstadium hinaus ist, ist nicht bekannt. Prinzipiell liegt dem System eine ähnliche Philosophie zugrunde wie dem Lügendetektor: es geht um die Sammlung und Interpretation angeblich nicht steuerbarer unbewusster Körpersignale, die Rückschlüsse auf Intentionen einer Person zulassen würden. Der Unterschied zum Lügendetektor besteht darin, dass erstens die Person, die ins Visier genommen wird, nicht fest mit dem Aufzeichnungsgerät verdrahtet ist – also gar nicht weiß, dass ihre Daten registriert werden -, und zweitens diese Analyse nicht nach einer Tat, sondern bereits vorher stattfindet. Außerdem geht es nicht mehr um Wahrheit oder Unwahrheit, sondern um Intentionen auf die Zukunft hinaus.

Unterm Strich bedeutet das, dass entweder an ausgewiesenen Kontrollstellen oder aus der Ferne neben den üblichen Erkennungsmerkmalen, die aus den persönlichen Papieren der Betroffenen z. B. bei Check-in-Kontrollen oder durch Prüfung von Legitimationen anhand von Eintrittskarten oder Sonderausweisen alle möglichen anderen Zusatzinformationen abgegriffen werden: Puls- und Lidschlag, Stimmlage, Geruch usw. Für all das gibt es Sensoren, die diese Informationen an Analyseprogramme weitergeben, die dann eine statistische Aussage über mögliche geplante kriminelle Handlungen, bezogen auf diese eine Person, machen. Es ist zu befürchten, dass bei erfolgreichem Einsatz solcher System entsprechende Vorhaben entstehen, sie – ähnlich wie die allgegenwärtigen Videokameras – an allen möglichen Stellen einzusetzen – z. B. in Supermärkten oder Einkaufszonen.

10.11 Internet-Spione

Seit einiger Zeit sind Sprachassistenten auf dem Markt, die dem Benutzer das Leben in den eigenen vier Wänden erleichtern sollen (s. a. Smart Home). Es handelt sich dabei um Alexa von Amazon, Siri von Apple, Cortana von Microsoft und Hello von Google. Mit Hilfe dieser Assistenzsysteme, die an zentraler Stelle im Haus aufgestellt werden können, lassen sich hunderte Aktionen per Sprachbefehl steuern, bspw. das Abspielen von Musikstücken oder das Erstellen von Einkaufslisten. Voraussetzungen sind die entsprechende Hardware und diverse Apps, auch Skills genannt. Diese Skills werden von Drittanbietern angeboten. Die Steuerung kann durch das Nennen von Schlüsselwörtern ausgelöst werden.

Neben den Vorteilen, die solche Installationen bieten können – wie z. B. Unterstützung beim Einkauf, Bestellen von Taxis oder die Auslösung von Smart Home Aktionen – bergen diese Entwicklungen auch grundsätzliche und spezifische Gefahren. Zu den grundsätzlichen Gefahren gehört natürlich auch, dass eine intensive Nutzung und Verlassen auf diese Assistenten zu mentalen Abhängigkeiten führen können. Zu diesem Komplex gehören auch Überwachungsfunktionen in Kinderzimmern.

Weitere grundsätzliche Gefahrenpotenziale liegen darin, dass die KI dieser Geräte – wie alle normalen Computerprogramme auch – natürlich mit funktionalen Fehlern behaftet sind, die u. U. zu ernsten Konsequenzen führen können, wenn z. B. das Entriegeln von automatischen Türen nicht mehr funktioniert.

Bei der Nutzung dieser Systeme werden Unmengen von Daten generiert, die an die Betreiber weitergeleitet werden und zu missbräuchlichen Zwecken verwendet werden können. Diese Datenströme erreichen nicht nur die ursprünglichen Anbieter, sonder natürlich auch alle anderen Dienstleister, deren Apps man mit Hilfe solcher Systeme nutzt. Da diese Assistenzsysteme Schnittstellen nach außen haben, wie z. B. zu E-Mail Accounts, müssen solche Informationen hinterlegt werden und können ausspioniert werden. Eine weitere zufällige Gefahr besteht darin, dass Schlüsselwörter auch in normaler täglicher Konversation genutzt werden und dadurch den Assistenten ungewollt triggern können, sodass ungewollt Informationen weiter geleitet werden können.

Hinzu kommt, dass die erwähnten Assistenten über keine oder nur rudimentäre Sicherheitsfunktionen verfügen. Beispielsweise sind keine Mechanismen zum Kinderschutz vorgesehen. Zufällige oder beabsichtigte Verwendung von Schlüsselwörtern zur Bestellabwicklung z. B. können in einem offenen Haus zu ungewollten Effekten führen. Alexa verfügt über die Möglichkeit, im Nachhinein Verläufe zu löschen ähnlich wie bei Browserverläufen und Cookies im Internet. Da aber die KI eines Assistenten mit der Übernahme von immer mehr Informationen wächst, ist eine solche Bereinigung konterproduktiv im Sinne der ursprünglichen Verwendung.

Neben den allgemeinen Unsicherheitsfaktoren kann es auch gezielte Angriffe geben. Ähnlich wie bei z. B. Navigationssystemen im Auto ist es Hackern gelungen, auch Sprach-Assistenten z. B. unter Einsatz von Ultraschallsignalen zu manipulieren.

Wenn jemand sich entscheidet, ein solches Komfort-System bei sich einzusetzen, sollten folgende Punkte beachtet werden:

- Wie viel aus meiner Privatsphäre bin ich bereit, an den Assistenten abzugeben (s. Facebook)?
- Welche meiner Accounts kann ich bedenkenlos nutzen, um es mit dem Assistenten zu verbinden?
- Ist es besser, ein neues, separates Account dafür einzurichten?
- Ausschalten des Mikrofons bei nicht-Nutzung des Assistenten
- Aktivierung von Passwörtern z. B. bei Bestellabwicklungen
- Dafür sorgen, dass der Assistent keine Schlüsselwörter durch geöffnete Fenster oder von Radios oder TV-Sendungen mithört und fehl interpretiert.

10.12 FutureICT

FutureICT ist an sich keine spezifische Telematik-Anwendung, kann aber unter anderem auch auf in Telematik-Anwendungen gewonnene Daten zurückgreifen. Die EU hat zwei wissenschaftliche Großprojekte ausgeschrieben mit einem Milliarden schweren Etat über

10 Jahre, die sich in großem Maßstab mit der Verwendung von Big Data befassen sollen. Eines davon ist das Forschungsprojekt FuturICT der ETH Zürich. FuturICT läuft auch unter solchen Synonymen wie: Wissensbeschleuniger, Welterklärungsmaschine oder Erdsimulator.

Ziel dieses Vorhabens ist, durch Sammlung und Auswertung ungeheurer Datenmengen aus der vernetzten Welt Erkenntnisse zu ziehen, die weltweite Krisen vermeiden sollen (Finanzkrisen, Versorgungsengpässe, Auswirkungen von Naturkatastrophen, Epidemien usw.). Dafür müssen entsprechende Algorithmen entwickelt werden, die aus der Schwarmintelligenz zu komplexen gesellschaftlichen Interaktionen führen. Dazu soll eine lebende Erdplattform (living earth platform) erstellt werden, um Entscheidungsfindungen der Politik zu unterstützen.

10.13 Fazit

Telematik-Anwendungen stecken teilweise noch in den Kinderschuhen, die Technologien sind jedoch vorhanden und werden in vielen Bereichen bereits eingesetzt. Im Zusammenhang auch mit dem sich entwickelnden „Internet der Dinge" ist davon auszugehen, dass Telematik in vielen Lebensbereichen zum Einsatz kommen wird und das Zusammenleben der Menschen zukünftig in einer wiederum neuen Qualität beeinflussen wird.

Rechtliche Aspekte 11

11.1 Gesetzliche Vorschriften

Zunächst ein Hinweis auf Gesetzeswerke, die unterschiedliche Aspekte der IT-Sicherheit berühren. Dazu gehören:

- Bundesdatenschutzgesetz (BDSG)
- Informations- und Kommunikationsdienstgesetz (IuKDG)
- Fernmeldeverkehr-Überwachungs-Verordnung (FÜV)
- Signaturgesetz (SigG)
- Signaturverordnung (SigV)
- Teledienstgesetz (TDK)
- Teledienste-Datenschutzverordnung (TDSV)
- Telekommunikationsgesetz (TKG)
- Datenschutzgrundverordnung (DGSVO).

11.2 Rechtliche Probleme beim Test von Malware

In jüngster Zeit sind durch den Gesetzgeber in Deutschland Situationen geschaffen worden, die zu einer potenziellen Kriminalisierung von IT-Managern bzw. IT-Sicherheitsbeauftragten führen können. Die Problematik steht im Zusammenhang mit der Nutzung von Malware im Rahmen von Sicherheitsüberprüfungen von Rechnerinstallationen. Malware kann sowohl für schädliche (daher der Name) als auch für sicherheitsrelevante Zwecke eingesetzt werden. Der Gesetzgeber unterscheidet aber zunächst nicht nach diesen Zielsetzungen. Im Folgenden soll die Problematik in ihren Konsequenzen dargestellt werden. Dabei wird folgende Betrachtungsreihenfolge eingehalten:

© Springer-Verlag GmbH Deutschland, ein Teil von Springer Nature 2018
W. W. Osterhage, *Sicherheitskonzepte in der mobilen Kommunikation*,
https://doi.org/10.1007/978-3-662-57903-9_11

- Gesetzestext
- Definition von Malware
- Sicherheitsprüfungen
- Dual-Use
- Beispiele aus dem Bereich „Drahtlose Sicherheit"
- Gesetzliche Risiken
- Auswirkungen in der Praxis.

11.2.1 Gesetzestext

Der Gesetzestext, um den es hier geht, lautet:

§ 202c
Vorbereiten des Ausspähens und Abfangens von Daten

(1) Wer eine Straftat nach § 202a oder § 202b vorbereitet, indem er Passwörter oder sonstige Sicherungscodes, die den Zugang zu Daten (§ 202a Abs. 2) ermöglichen, oder

Computerprogramme, deren Zweck die Begehung einer solchen Tat ist, herstellt, sich oder einem anderen verschafft, verkauft, einem anderen überlässt, verbreitet oder sonst zugänglich macht, wird mit Freiheitsstrafe bis zu einem Jahr oder mit Geldstrafe bestraft.

Dazu:

§ 202a
Ausspähen von Daten

(1) Wer unbefugt sich oder einem anderen Zugang zu Daten, die nicht für ihn bestimmt und die gegen unberechtigten Zugang besonders gesichert sind, unter Überwindung der Zugangssicherung verschafft, wird mit Freiheitsstrafe bis zu drei Jahren oder mit Geldstrafe bestraft.

(2) Daten im Sinne des Absatzes 1 sind nur solche, die elektronisch, magnetisch oder sonst nicht unmittelbar wahrnehmbar gespeichert sind oder übermittelt werden.

Und

§ 202b
Abfangen von Daten

Wer unbefugt sich oder einem anderen unter Anwendung von technischen Mitteln nicht für ihn bestimmte Daten (§ 202a Abs. 2) aus einer nichtöffentlichen Datenübermittlung oder aus der elektromagnetischen Abstrahlung einer Datenverarbeitungsanlage verschafft, wird mit Freiheitsstrafe bis zu zwei Jahren oder mit Geldstrafe bestraft, wenn die Tat nicht in anderen Vorschriften mit schwererer Strafe bedroht ist.

11.2.2 Malware

Die angeführten Gesetzestexte geben bereits deutliche Hinweise auf das, was Malware können muss, um als solche kategorisiert zu werden:

- Ausspähen
- Abfangen von Daten
- Überwinden von Sicherheitsbarrieren.

Dabei werden zunächst die klassischen Schädlinge wie Viren, Würmer, Trojaner ausgelassen (obwohl sie Daten vernichten oder andere Malware transportieren können). Das fokussierte Spektrum des Gesetzgebers umfasst im Wesentlichen Sniffer und Cracker als Malware selbst. Hinter Phishing z. B, verbirgt sich auch eine Methode zum Ausspähen von vertraulichen Informationen (wie PIN Codes von Bankkonten). Damit fällt diese Vorgehensweise auch unter die oben angeführten Paragraphen, ebenso wie Wardriving oder Man-in-the-Middle Attacken für Funknetze. An dieser Stelle soll allerdings nur die Malware an sich betrachtet werden – nicht der kriminelle Vorgang per se. Der Grund liegt in der Dual-Use Möglichkeit eben auch im nicht-kriminellen Bereich von Sicherheitsprüfungen.

11.2.3 Sicherheitsprüfungen

Jeder IT-Sicherheitsbeauftragte bzw. IT-Verantwortliche – ja, jede Unternehmensleitung – muss daran interessiert sein, dass die in der entsprechenden Organisation im Einsatz befindliche Software keine Sicherheitslücken besitzt bzw. eine so hohe Absicherung, dass ein unverhältnismäßiger Aufwand erforderlich wäre, in das System einzudringen. Um diesen Nachweis zu erbringen, bedient man sich häufig genau der Art von Malware, von der man sich Angriffe erwartet.

Das kann dazu führen, dass die Verantwortlichen Spezialisten dazu anhalten, selbst Malware-Angriffe auf interne Software durchzuführen, um

- Wirksamkeit von Gegenmaßnahmen zu überprüfen
- Gegenmaßnahmen einzuleiten.

Aus diesem Grunde sind fingierte Malware-Angriffe eine unerlässliche Methode, die Sicherheit von IT-Installationen zu gewährleisten bzw. zu erhöhen.

11.2.4 Dual-Use

Der Begriff Dual-Use erlangte Bekanntheit aus dem strategisch-militärischen Bereich. Er bezieht sich auf Technologien, die sowohl militärisch als auch zivil genutzt werden können. Das trifft insbesondere auf Computertechnologien zu. Chips in der Steuerung von Cruise Missiles sind die gleichen, wie sie eventuell auch in einer Waschmaschine zur Anwendung kommen.

Ganz ähnlich verhält es sich bei Malware. Wäre Malware so konzipiert, dass sie bei jedem Einsatz zerstörerisch wirkte, wäre sie zu Testzwecken nicht zu gebrauchen. Das ist allerdings nicht der Fall. Insofern eignet sich Malware auch ganz vorzüglich zu Sicherheitstests mit dem Ziel, genau diese Malware unschädlich zu machen. Der Vorteil des Dual-Use wird aber gesetzgeberisch dadurch aufgehoben, dass Malware –Verwendung grundsätzlich als strafbar angesehen wird. Die positive Umkehr der kriminellen Intention wird dadurch verhindert.

11.2.5 Beispiele

Welche Einsätze von Malware machen nun Sinn, um Sicherheitsprüfungen durchzuführen? – Zunächst gibt es die klassischen Begehrlichkeiten, wie

- Passwort erkunden
- Konfigurationsdaten ermitteln
- Systemzugriff erzwingen
- Zugang über Gateways in LANs über WLANs.

Besonderer Aufmerksamkeit bedürfen in diesem Zusammenhang die drahtlosen Netze (WLANs). Hierbei gibt es sogar eine eigene Philosophie, um deren Sicherheit zu testen, der so genannte „Honey Pot Ansatz":

Dazu muss man ein Dummy-Netzwerk aufbauen, dass den realen Gegebenheiten entspricht, aber dessen Schwachstellen absichtlich offen gelassen wurden. Das Dummy-Netz kann auch ein Teilnetz sein, gegen das das reale Netz entsprechend abgeschottet ist. Über dieses Einfallstor, das gesondert überwacht wird, lassen sich Angriffsversuche feststellen – spätestens bei der Analyse von Logdateien. Für die aktive Prüfung bedeutet das jedoch den Einsatz „verbotener" Software, Malware, im Wesentlichen Sniffer.

11.2.6 Risiken

Die Risiken, von denen an dieser Stelle die Rede ist, betreffen

- die rechtliche Lage von Personen aus dem Umfeld der IT-Sicherheit
- die technischen Risiken für Installationen.

11.2.6.1 Rechtliche Risiken

Betroffen von den Auswirkungen die o. a. Gesetzes sind alle Personen, zu deren Obliegenheiten es gehört, sicherheitstechnische Prüfungen unter Einsatz von Malware (Penetrationstests, Virenabwehr etc.) vorzunehmen:

- IT-Sicherheitsbeauftragte in Unternehmen
- Repräsentanten und Berater von Unternehmen, die als externe Dienstleister die Sicherheit von Kunden-Installationen durch Malware testen
- Personen in Forschung und Lehre, die praktische Kenntnisse über Malware erlangen müssen.

11.2.6.2 Technische Risiken

Durch gesetzliche Ver- und Behinderung von Sicherheitstests unter Verwendung von Malware bleiben Sicherheitslücken in IT-Installationen verborgen und damit leichte Beute für Angriffe von außen. Rein theoretische Sicherheitserwägungen können die Praxis im Feld nicht ersetzen. Dadurch wächst die Gefährdungslage im Geltungsbereich dieses Gesetzes.

11.2.7 Auswirkungen

In der Praxis bedeuten die rechtlichen Konsequenzen aus der Gesetzeslage, dass bestimmte Branchen in ihrer Existenz bedroht sind: Sicherheitsberater, Unternehmen, die Malware einsetzen, um Sicherheitslücken in Software zu entdecken, Forschungsprogramme, die sich mit Malware auseinandersetzen. Es bleibt abzuwarten, wie die Rechtsprechung die Gesetzestexte zur Anwendung bringt und im konkreten Fall auslegen wird.

Zwischenzeitlich hat es eine Reihe von Urteilen im Zusammenhang mit dieser Problematik gegeben. Teilweise sind diese Urteile durch Selbstanzeigen von Sicherheitsexperten oder -firmen zustande gekommen. Die Urteile fielen einhellig dahingehend aus, dass kein Straftatbestand vorliege, da eine kriminelle Intention in den behandelten Fällen jeweils nicht nachgewiesen werden konnte.

11.3 Störerhaftung

Bis zum 22. September 2017 war das Gesetz zur Störerhaftung als Teil des Telemediengesetzes in Kraft. Das Dritte Gesetz zur Änderung des Telmediengesetzes sieht vor, dass die so genannte Störerhaftung abgeschafft wird. Bei der Störererhaftung durch Unterlassung konnten z. B. Hot Spot-Betreiber für den von Nutzern ins Internet gestellten Inhalten verantwortlich gehalten werden. Ein wesentlicher Aspekt dabei war das Posten bzw. Herunterladen und Weiterverbreiten von urheberrechtlich geschützten Informationen durch Dritte. In der Vergangenheit hatten Betreiber von offenen Internetanschlüssen die Kosten für ein eventuelles Abmahnverfahren zu tragen. Das wird in Zukunft dann entfallen, wenn ein Anschlussinhaber nachweisen kann, dass weitere Personen Zugriff auf den Anschluss gehabt haben. Das ist sicherlich der Fall bei einem Hot Spot-Betreiber, der den Anschluss öffentlich anbietet.

Daneben besteht weiterhin die Problematik, dass Urheber nach wie vor die Möglichkeit haben, WLAN-Betreiber zu zwingen, konkrete Webseiten zu sperren, über die in der Vergangenheit Rechtsverstöße erfolgt sind, z. B. über Filesharing-Seiten.

11.4   DSGVO

Seit dem 25.06.2018 ist die DSGVO, in Kraft. Damit wurde die Verordnung 2016/679 des Europäischen Parlaments und des Rates vom 27. April 2016 zum Schutz natürlicher Personen bei der Verarbeitung personenbezogener Daten unmittelbar geltendes Recht in allen Mitgliedstaaten der Europäischen Union. Die Dokumentationspflichten betreffen zwangsläufig auch alle IT-Organisationen. dazu gehören folgende Rechtsgrundsätze bzgl. personenbezogener Daten:

- Rechtmäßigkeit der Verarbeitung
- Verarbeitung nach Treu und Glauben
- Transparenz
- Zweckmäßigkeit
- Datenminimierung
- Richtigkeit
- Speicherbegrenzung
- Integrität und
- Vertraulichkeit.

Stichwortverzeichnis

A
Access Point, 9, 29, 31
ACL, 89
Ad-hoc-Modus, 27–28
Advanced Encryption Standard, 24
Angriffsziel, 71
    Anwendungen, 73
Antenne, 10
Architektur, 26
Authentication Center, 64
Authentication Protocol, 24
Authentifizierung, 37, 41
Authentisierung, 93
Authentizität, 5

B
Bandbreite, 16
Basic Service Set (BSS), 26–27
Basisstation, 53, 64
Beacon Frame, 36
Bedrohung, 133
Betriebsmittel, 133
BlackBerry, 59
    Enterprise Server, 59
Bluetooth, 85, 87
BSI, 127
BSS Siehe Basic Service Set

C
Channel Bonding, 25
CRC-Prüfsumme, 40
CSMA, 11
CSMA/CA, 20

D
Datenintegrität, 5
Datenverschlüsselung, 75
Demming Prozess, 135
Denial-of-Service, 73
Device Address, 91
DHCP, 33
DoS, 74, 95
DSL-Anschluss, 32
DSSS, 8, 21
Dynamic Frequency Selection, 24

E
EMS, 67
Entsorgung, 134
Equipment Identity Register, 64
ETSI, 24
Extended Service Set, 30

F
FHSS, 8, 21
Firewall, 75, 97
Frame Aggregation, 25
Frequenzbereich, 17
Funknetz, 7

G
Gateway, 29, 32
Gefährdungspotential, 95
Genehmigungsverfahren, 131
Generalrichtlinie, 137
Gerätearchitektur, 53–54
Gerätemerkmal, 72

© Springer-Verlag GmbH Deutschland, ein Teil von Springer Nature 2018
W. W. Osterhage, *Sicherheitskonzepte in der mobilen Kommunikation*,
https://doi.org/10.1007/978-3-662-57903-9

Weitere Informationen zu dieser Reihe finden Sie unter
http://www.springer.com/series/4393

Die Reihe **Xpert.press** vermittelt Professionals
in den Bereichen Softwareentwicklung,
Internettechnologie und IT-Management aktuell
und kompetent relevantes Fachwissen über
Technologien und Produkte zur Entwicklung
und Anwendung moderner Informationstechnologien.